Erwan Mascarene de Rayssac

Elda

Erwan Mascarene de Rayssac

Elda

Un humain, un frère

Éditions Vie

Imprint

Cover image: www.ingimage.com

Publisher:
Éditions Vie
is a trademark of
International Book Market Service Ltd., member of OmniScriptum Publishing Group
17 Meldrum Street, Beau Bassin 71504, Mauritius

Printed at: see last page
ISBN: 978-620-2-49551-6

ELDA

Chapitre I

En cette fin de matinée à Malmö, dans le quartier de Ribersborg, dans un appartement face à la mer, vivaient Hélène et ses deux enfants Elda et Jan.

Le vent du nord soufflait dehors comme si le ciel voulait rappeler à la terre et à ses habitants qu'ils n'étaient pas grand-chose dans cet univers infini. Juste des bestioles qui tournaient sur elles-mêmes, sur une planète qui tournait également sur elle-même. Un sentiment de vertige s'emparait d'Elda lorsqu'elle s'aventurait dans cette pensée glaciale. Enfermée dans sa chambre, elle n'aimait pas les vents violents. D'ailleurs elle n'aimait pas cette journée. Hélène, qui s'affairait dans la cuisine appela sa fille sans réponse. Elle se dirigea alors vers sa chambre.
Derrière la porte de celle-ci, sa mère entendait des sanglots, profonds, désespérés,

- Elda ? appela-t-elle d'une voix douce. Pas de réponse...
- Elda ?
- Laisse-moi maman, je t'en prie
- Ça va ma chérie ?
- Non!
- Je suis là si tu as besoin.
- Je sais maman, mais j'ai besoin d'être seule.
- Bien.

Elda entendit les pas de sa mère s'éloigner de la pièce. Ziad, son petit ami, venait de rompre avec elle. Elda était effondrée. Mais ce qui la rendait aussi triste, n'était pas tant le fait de se séparer, mais les raisons qui le poussaient à fuir. Cette jeune fille de vingt ans habituellement joyeuse, belle et forte était abattue tant elle l'aimait.

Elle savait qu'il fréquentait, depuis peu, des jeunes religieux radicaux en guerre contre tout.

Tous deux se connaissaient depuis l'enfance et s'étaient toujours aimés. Ziad est un garçon bon et physiquement fort, mais très sensible. Il était en train de sombrer vers ce qu'il y a de plus noir dans son âme. Elda était effrayée, elle pouvait accepter de le perdre, mais pas qu'il se perde lui-même.

Pour elle, chaque être vivant était un trésor. La magie de la vie était ce qui la fascinait le plus depuis toujours. Depuis toute petite, elle s'adressait aux arbres, plantes, animaux de toutes espèces, hommes, femmes, bébés, enfants... avec la même considération et la même admiration.

Pour beaucoup de personnes cela était étrange, on la prenait pour une poète, une romantique ou encore une rêveuse un peu naïve. Elle en souffrait terriblement, car elle pouvait ressentir jusque dans ses entrailles, la douleur et le désarroi de l'humanité. L'univers tumultueux et ce chaos d'émotions l'angoissaient terriblement dans une sensation de vide vertigineux. Très jeune, elle comprit qu'elle ne pouvait pas lutter contre ce qui la déchirait de l'intérieur. Elle apprit à vivre avec cette angoisse et même à l'aimer. C'était une enfant précoce, curieuse et avide de découverte. A huit mois, elle courait déjà partout. Puis à deux ans, elle parlait, en plus du suédois, plusieurs langues dont le français avec sa mère originaire de Bruxelles. Son père, originaire de Stockholm, était décédé trois ans auparavant au cours de son intervention en Afghanistan en tant que médecin du monde. Elle avait aussi appris quelques mots d'arabe avec les enfants du quartier qu'elle retrouvait souvent au parc devant la plage. C'est d'ailleurs dans ce même parc que Ziad l'aperçut pour la première fois. C'est une histoire qu'Hélène racontait avec tendresse : Elda avait deux ans et Ziad quatre. Ils jouaient tous les deux de leur côté lorsqu'un ballon roula jusqu'aux pieds d'Elda. Elle le prit de ses petites mains pour le rendre au garçon qui arrivait en courant et qui la remercia d'un gentil « choukrane ! ». Il regarda fixement cette fille ni brune ni blonde, aux belles joues rondes de bébé, aux yeux translucides, qui le laissèrent envoûté, comme possédé par ce petit ange qui lui souriait.

Cette passion ne s'était jamais éteinte jusqu'à aujourd'hui où Ziad venait de lui annoncer qu'il souhaitait prendre de la distance. Après un long moment, Elda sortit finalement de sa chambre, et se dirigea vers la cuisine pour se faire un café. Tandis qu'elle se traînait péniblement, son frère Jan arrivait avec deux amis afin de récupérer son sac de sport qui contenait gants de boxe et protections d'entraînement de tout genre.

Ça faisait plus de quinze ans qu'il pratiquait les arts martiaux avec Ziad qui était devenu son meilleur ami. Mais depuis quelques temps, Jan avait de nouveaux amis d'un tout autre genre : crânes rasés, tatouages néo-nazis... bref, tout indiquait que Jan s'était trouvé de nouveaux intérêts.

- Salut Jan
- Salut Elda
- T'as un nouveau tatouage ?

Elle aperçut une croix celte utilisée dans les plus extrêmes mouvements politiques du pays.

- que se passe-t-il ?

Jan ne remarqua même pas la triste mine d'Elda.

- Occupe-toi de tes affaires petite sœur
- C'est la guerre !

Rétorqua un des garçons présents.

- Ta gueule !

Jan lui cloua le bec aussitôt, prit son sac et sortit avec ces deux types sans un mot de plus.

Depuis quelques semaines, Jan avait une attitude bizarre. Il accumulait les tatouages et se rasait le crâne tous les matins. Lui, si énergique de nature et qui avait de nombreux amis, se renfermait de plus en plus sur lui-même. Il sortait tard le soir, devenait de plus en plus agressif et de moins en moins accessible. Mais son comportement extrême reflétait néanmoins ce qui se tramait dans la société. De tous côtés, les communautés de refermaient sur elles-mêmes. Les Suédois, d'ordinaire si accueillants, ne comprenaient plus ce repli religieux qu'ils observaient un peu plus chaque jour autour d'eux. Jan avait rejoint un groupe d'activistes d'extrême droite suite à l'agression de sa petite amie, Sanja. Elle avait été victime de religieux intégristes qui ne supportaient pas la vue de ses jambes dénudées et l'avaient tailladé au cutter sous une pluie d'insultes. Elle avait couru, la jambe ensanglantée, chez Jan, qui à la vue du sang, avait été empli d'une fureur indescriptible. Suite à cet épisode survenu quelques mois auparavant, Jan déraisonnait et alimentait sa haine de pensées noires, très noires...

Elda comprit qu'il avait lui aussi, tout comme Ziad, sombré dans le repli sur soi, la haine de l'autre et surtout de l'étranger. Ils étaient dans des camps opposés mais empruntaient tous deux, le même chemin dangereux. Cette réalité envahissait Elda d'une poignante angoisse. Elle, qui tournait en dérision les problèmes, qui enjambait les obstacles tel un pur-sang fougueux, était en train de suffoquer au fur et à mesure qu'elle voyait son frère et son meilleur ami s'enliser de plus en plus chaque jour. Son sourire qui auparavant égayait les esprits les plus tristes, qui dans ses yeux, donnait force et amour à celui qui la regardait, Elda la belle, la douce et la forte, tombait à genoux. Elle perdait intérêt en tout et en tous, même sa passion pour ses études de psychanalyste s'abîmait.

D'un côté, son fidèle et aimé Ziad sombrait dans l'obscurantisme religieux, et de l'autre, son frère, qui s'enfonçait également dans les ténèbres d'un autre extrémisme. Ces deux-là étaient comme des frères. Complices depuis toujours, partenaires d'entraînement, ils avaient ensemble, usé tatamis et gants de boxes. Mais depuis la disparition de Sam, le père de Jan et Elda, tout avait progressivement changé.

Le monde d 'Elda s'écroulait, et pour la première fois elle sentit le feu brûlant de la terre monter par ses pieds et le froid glacial de l'univers la pénétrer par la tête. Elle tremblait... elle avait peur...
Les deux énergies aussi radicalement opposées que les chemins que prenaient son compagnon et son frère, étaient en train de l'envahir. Tout se rejoignait au niveau de son ventre, provoquant une explosion de douleur... quelque chose venait de se briser chez la jeune fille.

Elda qui veut dire en suédois « celle qui s'appuie sur le monde » venait de tomber dans le vide. Elle se sentait écartelée par les émotions négatives de ces pensées déstructurantes, qui semblaient envoûter ses proches.
Elle se disait à elle-même :

– Je voudrais prendre le monde dans mes bras, le serrer fort, lui dire que tout va bien.

Son sentiment d'impuissance ne fit que renforcer son incapacité à gérer son trop plein d'émotions.

- Allez tous en enfer !

Cria-t-elle seule dans la cuisine d'un cri strident et inhabituel dans sa bouche. Hélène sortit de la pièce qui lui servait d'atelier où elle aimait peindre, inquiétée par le cri de sa fille. Elle n'eut pas le temps d'arriver qu' Elda venait de claquer la porte, submergée de colère, de tristesse, de peurs... marchant sans but précis, d'un pas nerveux, laissant s'envoler ses larmes.

- Elda !

Entendit-elle au loin. C'était Téa, une amie proche qui l'appelait. Après avoir fait comme si elle ne l'entendait pas, elle s'arrêta sous son insistance.

Téa arriva aux côtés d 'Elda, essoufflée d'avoir couru pour la rejoindre.

- Elda !

Dit-elle, ne remarquant pas les yeux rougis de celle-ci,

- Elda, Ziad est parti !
- Je sais

Répondit Elda.

- Non, il est parti avec deux types en Turquie. Nordine, mon copain, m'a dit qu'il partait dans un camp d'entraînement et qu'il avait rendez-vous à Ankara, avant de connaître sa destination finale.
- Et alors ?

Dit méchamment Elda.

- Elda ?

S'inquiéta Téa. Elda se brisa en mille morceaux, sans un mot de plus, elle partit droit devant elle. Téa la regarda s'éloigner, ne comprenant pas ce qui se passait, ne reconnaissant plus son amie.

Elda marchait, errant de bus en bus au hasard. Elle aperçut la gare routière, et monta sans réfléchir, dans un car en partance pour Bruxelles. Peut-être que ça lui rappelait sa mère et que quelque part ça la sécurisait. Elle s'assit au fond du bus, s'endormit pour ne se réveiller qu'une fois arrivée à Bruxelles.

Chapitre II

Elda descendit du bus, il pleuvait, il faisait nuit, elle était partie sans rien, elle avait juste eu le temps d'attraper son manteau en quittant la maison. Là où justement, sa mère commençait à s'inquiéter. Elda n'avait pas pris son téléphone et était injoignable ce qui angoissait Hélène. Ni Jan ni Ziad n'étaient là.

C'était l'automne, il était presque minuit, Elda avait froid, complément perdue dans cette ville qu'elle connaissait bien pourtant. Après une demi-heure de marche, elle entra dans un bar du centre-ville, trempée par la bruine persistante, elle commanda une vodka qu'elle but d'une traite, puis en commanda une deuxième et alla s'asseoir au fond de la salle avec son verre qu'elle serrait comme si elle avait peur qu'il s'en aille lui aussi.

– Papa, pensa-t-elle, où es-tu ? J'ai besoin de toi, tout s'écroule, papa...

C'est lors d'une mission dans un hôpital militaire pour médecin du monde que son père perdit la vie. Il était un Humaniste, il avait choisi la médecine car il y voyait un moyen comme un autre, d'aider l'humanité dans sa souffrance.

C'est de lui que venait l'altruisme d'Elda, elle avait adopté la devise de son père « un humain, un frère » depuis son plus jeune âge. Personne n'a jamais su qui était responsable du bombardement dans cet hôpital de fortune. Les Talibans ? Les Américains ? Ce flou rendait encore plus absurde aux yeux d'Elda cette guerre, comme toutes les autres. Absurde, comme Jan et ses nouveaux amis néonazis, absurde, comme Ziad et ses soldats de Dieu qui mélangeaient foi et politique.

Elle brûlait à l'extérieur, mais elle était glacée à l'intérieur. La raison et la bonté qui faisaient sa force étaient submergées par la peur et la colère.

Un homme la vit seule et s'avança vers elle. Elda ne le vit pas s'approcher et ne s'aperçut de sa présence que lorsqu'il lui adressa la parole :

– Bonsoir, dit-il d'une voix douce et chaleureuse.

– Bonsoir, répondit Elda d'une voix vide.

– Puis-je vous offrir un verre ? Il avait une voix rassurante.

– Si vous voulez.

Il s'assit, sourit, et demanda à Elda ce qu'elle voulait boire.

- Vodka, répondit-elle sèchement.

Elle leva les yeux vers cet homme. Elle qui habituellement voyait les âmes dans les yeux, qui sentait les énergies positives comme négatives, était à ce moment précis anesthésiée par la douleur, et la vodka.

- Comment t'appelles-tu ? Demanda l'homme d'une trentaine d'années à l'allure de banquier, ou de trader ou de politicien. Il portait une chemise blanche, costume gris avec la cravate assortie, une Rolex et une chevalière en or. Elda ne sentit pas le danger.
- Elda, dit-elle.
- Mirmo, enchanté Elda, je suis de passage à Bruxelles pour le travail. Et toi, tu vis ici ?
- Non, je suis de passage également.

Ils bavardèrent quelques instants, échangeant des banalités. Tous les systèmes de défenses d'Elda étaient hors service. Pendant qu'elle affichait clairement son désarroi, il souriait, se comportait en grand frère rassurant.

- je vais chercher deux autres verres, dit-il.

Il se leva et alla au bar commander deux vodkas. Il glissa discrètement un comprimé qui fondit dans le verre destiné à Elda, il le mélangea et retourna s'asseoir, prenant bien soin de tendre à Elda le verre intoxiqué.

- A la vie, au bonheur et à l'avenir radieux !

Trinqua-t-il, et but son verre cul sec.

- A la vie !

Rétorqua Elda sans grande conviction, mais un peu apaisée par cet homme et l'alcool qui commençait à faire effet. Elle but d'une traite son énième verre. Elle ne sentit pas la poudre que Mirmo avait ajoutée. Il ne fallut pourtant que quelques minutes pour que le produit mélangé à l'alcool ne fasse effet. Un nuage lourd s'empara de son esprit. Elle mit d'abord cela sur le dos de la fatigue. Puis, malgré son état émotionnel et physique, comprit qu'il se passait quelque chose. Elle essaya de se lever et retomba sur sa chaise, impuissante.

- Ça va ? Dit Mirmo, observant sa proie sombrer doucement dans son malaise.
- Non, répondit-elle. Je dois sortir.
- Je te raccompagne ?
- Non, merci, je dois y aller, dit-elle d'un dernier souffle.
- Viens, dit-il sèchement alors que son ton changeait.

Il avait retiré son sourire protecteur et dans ses yeux, la fausse compassion laissait place à la haine avide. Il empoigna son bras, la leva, fit signe au barman que tout allait bien, et sortit avec elle qui titubait. Ils montèrent dans un taxi.

- Bonsoir Monsieur, dit le chauffeur, votre amie va bien ?
- Bonsoir, oui, oui, elle a trop bu. Nous allons au Royal Hotel à deux cent mètres s'il vous plaît.

Répondit-il de sa voix douce et affable. Ils arrivèrent dans la chambre, l'homme se faisant appeler Mirmo, jeta Elda sur le lit. Elle était semi-consciente mais il lui était impossible de réagir. Le comprimé faisait son effet.

L'homme sortit une seringue, prépara un shoot d'héroïne, et l'injecta à Elda. Elle ne sentait plus rien, elle partait, partait encore. Avant de perdre complètement conscience, elle entendit le type au téléphone :

- J'en ai une superbe pour vous. Elle est jeune et très belle, j'en veux cinquante mille.

Elda perdit connaissance.

Pendant ce temps, le soleil se levait doucement. Jan rentrait chez lui. Il marchait tranquillement, chantant à tue-tête un hymne à la gloire de la suprématie blanche sous l'effet de la cocaïne qu'il sniffait sans arrêt depuis quelques mois.

Il venait de passer la nuit dans un rassemblement d'Européens d'extrême droite, avec de beaux discours rassembleurs, mêlés de chants de guerre et de musique énervée. Tous, ou presque, au sein de son groupe, utilisaient cocaïne, amphétamine et LSD. Ce cocktail explosif, facilitait la tâche du grand gourou Ulrick, qui portait bien son nom dont l'étymologie est « loup et roi puissant ». Ce chef de la branche suédoise du mouvement européen « La nouvelle Europe », n'avait qu'à déverser son idéologie haineuse, pour infiltrer, endoctriner et conquérir cette jeunesse perdue et en plein désarroi. Jan n'était pas de cette espèce stupide qui croyait à la suprématie d'une race. Tout comme Elda, Jan était le fruit d'un amour entre une peintre belge et un médecin humaniste suédois. Tous deux avaient été éduqués sur la base de la force et de l'amour. Ils savaient que l'autre n'était qu'un petit bout d'eux-mêmes avec la philosophie de leur père : « un humain, un frère ». Mais depuis sa disparition sous un bombardement sauvage, Jan avait accumulé une rage irrationnelle envers le monde arabe bien que tout montrait que les bombes provenaient pourtant des Occidentaux. Mais il lui fallait un coupable qu'il voulait accuser de cette injustice.

Il avait dix-sept ans à ce moment-là. Il arrêta très vite ses études pour progressivement plonger dans le monde de la nuit. Il sortait beaucoup, consommait psychotropes en tous genres, avec une préférence pour la vodka et la cocaïne. Et doucement, son esprit s'enfonçait dans la souffrance. Le repli identitaire et la colère avaient fini d'éliminer toute trace d'altruisme suite à l'agression de Sanja. Il avait glissé dans les bras d'Ulrick qui avait évidemment accueilli sa nouvelle victime comme un père. Jan avait son père de substitution, qui se nourrissait de ses faiblesses. Il était donc devenu un membre officiel de « la Nouvelle Europe » et arborait sa croix tatouée, symbole du groupe.

Jan arriva chez lui, où sa mère l'attendait avec impatience. Elle n'avait pas dormi.

- Elda est avec toi ? S'empressa-t-elle de demander dès qu'elle entendit son fils rentrer.
- Non, et il se dirigea vers sa chambre.
- Elda a disparu.
- Comment ça ?
- Elle est sortie hier matin en claquant la porte, elle a oublié son téléphone. Je pensais qu'elle était avec toi ou... des amis... je ne sais pas, dit-elle en sanglotant. J'avais peur d'appeler la police. Je t'attendais.
- Ok, je vais appeler ses amis et tirer ça au clair.

Il passa quelques coups de fils sans résultats. Jan n'avait pas dormi, avait bu et sniffé toute la nuit.

- je vais prendre une douche, et nous irons au poste de police, dit-il calmement.

Il alla dans la salle de bain. Ôta ses vêtements, prit dans la poche de son jean son sachet de cocaïne, roula un billet pour en faire une paille, prit sa carte bancaire, et prépara une longue ligne épaisse de poudre qu'il renifla d'un coup. Il haïssait la drogue autant qu'elle le fascinait. Le produit presque pur lui passa du nez au cerveau. Et d'un coup, il fût pris d'une vive angoisse. Il réalisa que ce n'était pas le style d'Elda de partir sans téléphone, sans laisser de nouvelles. Il ouvrit l'eau chaude, et se mit à cogiter sérieusement. Il sentait qu'il se passait quelque chose. Ses muscles se détendaient sous le jet brûlant de la douche qui massait sa nuque et ses épaules. Mais son esprit s'agitait. Il sentait le mauvais vent amené par ses mauvais choix. Il ferma l'eau, prit une serviette, alla dans sa chambre et s'habilla.

- Viens maman, on va voir la police.
- Oui, s'empressa-t-elle, laissant la place de chef à Jan. Tous deux avaient un sentiment de peur et de malaise indescriptible. Ils prirent leurs manteaux et sortirent
- Monte dans la voiture, je conduis.

Ni l'un ni l'autre ne parlait. Hélène n'avait pas dormi non plus. Ils avaient mille questions, et s'inquiétaient de plus en plus.

- Où est Ziad ? Demanda Jan.
- Il a quitté ta sœur hier, je ne sais pas ce qui se passe. Et toi, tu en es où ?
- C'est pas le moment de philosopher. On retrouve Elda et on parlera plus tard.

Ils arrivèrent au poste central de la police de Malmö. Il y avait du monde. Pendant la bonne heure d'attente, Jan tournait en rond, allant aux toilettes se repoudrer le nez. Il était nerveux.

Un officier les appela.

- Bonjour
- Bonjour Monsieur, Jan prit la parole.

Il sortit son téléphone et montra une photo récente de sa sœur.

- Elle a disparu depuis hier. Nous n'avons aucune nouvelle et elle n'a pas son téléphone.

Après que Jan eut décrit en détail sa sœur, l'officier leur posa quelques questions. Puis dit :

- Nous rencontrons en Europe un certain nombre de disparitions de jeunes filles entre quinze et vingt ans. Mais avant de nous lancer dans des hypothèses, nous allons lancer un avis de recherche dans le pays. Et puis vous m'avez dit que son petit ami était parti, sous couvert de convictions religieuses. Elle l'a peut-être rejoint.
- Non, dit Hélène, elle a son portefeuille mais pas son passeport.
- Nous allons vérifier hôpitaux et aéroports du pays par précaution.
- Quand ? S'énervait Jan.
- Aujourd'hui même Monsieur, répond l'agent, un tantinet énervé par le style du jeune homme.

L'agent de police regarda le tatouage de Jan sur son avant-bras fait quelques temps auparavant. Puis ne pût s'empêcher de rajouter :

- êtes-vous sûr de n'être au courant de rien ? Demanda le policier.

Jan s'emporta par incompréhension de cette question.

- Comment ça ? Au courant ? Puisque je viens vous voir pour la disparition de ma sœur et vous me demandez si je sais quelque chose ?

Jan tapa du poing sur le bureau devant lui si fort qu'il le cassa en deux. L'ordinateur et tous les dossiers tombèrent par terre. L'agent ne se choqua pourtant pas de cette réaction. Il avait même l'air compréhensif.

- calme-toi Jan, je t'en prie, dit Hélène en pleurant.

Devant le désarroi visible de ses interlocuteurs, Sven, le policier, se dirigea vers la porte de son bureau et la ferma. Le policier s'assit et fixa Jan dans les yeux quelques secondes sans dire un mot. Il était maintenant convaincu de la sincérité du jeune homme. Il commença :

- Monsieur, ma fille a disparu l'année dernière. Nous n'avons jamais retrouvé son corps. Alors croyez-moi, je prends chaque affaire de disparition très au sérieux. Mais parlez-moi de ce tatouage. Depuis quand l'avez-vous ? Il n'a pas l'air très ancien.

- Quel rapport ? Jan ne comprenait pas. Hélène non plus. Elle ajouta bêtement :
- Et puis votre fille est peut-être encore en vie ?

Le policier n'écoutait plus. Il était visiblement intéressé par le dessin sur le bras de Jan qui représentait deux croix celtes entremêlées.

- Qu'allez-vous faire pour ma sœur ? Jan qui commençait à ressentir la fatigue, s'irritait.
- Nous devons attendre. Votre sœur est adulte, mais en ce moment nous prenons très au sérieux les disparitions de jeunes filles. Nous allons mettre sa photo sur le fichier des personnes disparues, visible par tous les pays européens, et si demain vous n'avez pas de nouvelles, nous examinerons les caméras de sécurité de la ville.
- Faites-le maintenant !
- Je ne peux pas monsieur, nous avons des procédures. J'ai pris note, croyez-moi. Je vais suivre personnellement cette affaire. Je vous laisse mon numéro, donnez-moi le vôtre. Rentrez vous reposer, nous vous tenons au courant. Je m'appelle Sven.
- Viens Jan, rentrons. Dit Hélène, réconfortée par l'empathie du policier.

Ils rentrèrent chez eux, épuisés. Jan s'écroula sur son lit marmonnant le prénom d'Elda. Hélène s'assit sur le canapé et s'endormit également. Ils se reposèrent ainsi quelques heures jusqu'à ce que le téléphone sonne.

- Elda ! s'écria Jan, qui se jeta sur le téléphone.
- Bonjour, c'est Sven, l'agent de poli...Jan le coupa sec.
- Vous avez retrouvé ma sœur ?
- Non, mais nous l'avons aperçue sur les caméras de sécurité de la gare routière de la ville en train de monter dans le bus pour Bruxelles ! Je me suis personnellement occupé de contacter tous les postes de polices de la ville, ils vont également examiner leurs caméras de sécurité.
- Merci dit Jan, que devons-nous faire ?
- Légalement rien, dit Sven... Je m'occupe de votre dossier.

Sven se sentait impliqué, son état émotionnel venait rompre avec les protocoles usuels. Il revivait l'enquête pour sa fille qui s'était retrouvée classée sans suite faute d'éléments.

- Mais, ajouta-t-il, si c'était moi, j'irais vérifier les hôtels en premier lieu. Votre sœur a bien eu besoin de se reposer j'imagine. Je dis ça, je dis rien, dit-il avec malice.
- Merci, tenez-moi au courant. Je pars à Bruxelles de suite, dit Jan. Et... il rajouta, merci Sven.
- Je suis avec vous Jan, vous avez mon numéro, n'hésitez pas.
- Ok, il raccrocha.
- Je viens avec toi, dit sa mère.
- Non , il vaut mieux que tu restes ici au cas où elle reviendrait. Et essaye de trouver ce foutu Ziad !

Hélène acquiesça. Jan prépara ses papiers et mit en charge son téléphone. Il se changea complètement : jean noir, baskets des grands jours, pull rouge et noir fétiche, et son blouson en cuir offert par Elda peu après la mort de leur père. Il se faisait beau à sa façon, sans s'en rendre compte, il reprenait son allure habituelle. Il prit une grande tasse de café et retourna dans sa chambre. Il s'assit sur son lit, prit sa tête entre ses mains, respira profondément, sortit de son tiroir le sachet contenant ses derniers grammes de cocaïne et les contempla :

- ok, je t'emmène avec moi, je vais pas faire une cure maintenant, mais dès qu'on a retrouvé Elda, je ne veux plus de toi dans ma vie, sale pute.

Il voyait bien qu'il ne faisait plus attention à sa famille, qu'il était possédé. Il sentait tout ça, et se sentait coupable. Mais ce n'était pas le moment de pleurnicher. Il prit entre ses doigts une grosse pincée de poudre qu'il renifla directement.

- ARRRGHH, d'un cri sourd il crachait sa rage.

Jan était quelque peu « perché » ces derniers temps, mais c'était avant tout un artiste martial, et il savait garder son sang-froid dans les coups les plus durs.

- fais attention à toi Jan, lui dit Hélène d'un ton confiant et tendre, ramène-moi ma fille, je t'en supplie, trouve ta sœur.

Une fois dans la voiture, il fit un dernier point, son téléphone, son chargeur, ses papiers, et partit pour Bruxelles.

Chapitre III

Hélène se mit à sangloter et prise de panique, s'empara du téléphone d'Elda. Elle appela tous les contacts du répertoire un par un. Personne évidemment n'avait eu de ses nouvelles.

Pendant ce temps, Elda était toujours dans la chambre d'hôtel de Mirmo. Il la gardait semi consciente avec des shoots d'héroïne réguliers et savamment dosés. Elda sentait le danger mais ne pouvait réagir. Elle sentait lorsque Mirmo abusait d'elle à moitié morte. Elle entendait lorsqu'il négociait son prix, sans savoir exactement ce qu'il en retournait. Mais elle était là, complètement droguée, incapable de se défendre, ne serait-ce même de marcher. Mirmo prépara une seringue un peu plus dosée que les autres afin de garder Elda inconsciente un peu plus longtemps. Il avait rendez-vous. Il la ligota après lui avoir injecté la drogue et sortit.

Elda perdit ses dernières forces et s'endormit sous l'emprise du produit dans un voyage cauchemardesque.

Mirmo avait rendez-vous dans un bar non loin de l'hôtel pour conclure la vente d'Elda. Il l'avait prise en photo et espérait en tirer au moins quarante mille euros. Il en demandait cinquante. Normalement il vendait une fille dans les dix mille euros, mais Elda était extraordinairement belle.

Il arriva dans le bar et aperçut son interlocuteur. C'était la fin d'après-midi. Le soleil commençait à se coucher, Mirmo alla s'asseoir en face de l'acheteur. Ils commandèrent un verre et discutèrent comme s'il s'agissait d'une banale transaction. Après deux heures de discussion, ils arrivèrent à un accord : il vendait sa victime quarante-cinq mille euros. Une somme énorme même pour un trafiquant d'êtres humains. Il était satisfait. Il rentra à l'hôtel, s'arrêta acheter des somnifères pour Elda. Il avait en tête de faire la fête toute la nuit. Une « ambulance » devait la récupérer le lendemain vers 6 heures du matin. C'était une ruse de trafiquant pour sortir les victimes des hôtels lors des transactions, afin de les garder endormies sans alerter le personnel.

Une fois rentré, il s'assura qu'Elda était bien inoffensive, et alla se doucher afin de sortir dîner et fêter la joyeuse transaction. Après s'être préparé, il lui administra une triple dose de somnifères, lui injecta un petit shoot et lui attacha les mains et les pieds. Tout content de lui, il se regarda dans la glace, trouva son allure impeccable et sortit.

Pendant ce temps, Jan roulait vite. Très vite. Obsédé par l'image de sa sœur. Il était triste, il avait la rage, il avait peur, mais il gardait son calme s'accrochant à l'espoir que rien ne lui soit arrivé.

Hélène, après avoir téléphoné au répertoire entier du téléphone de sa fille sans résultat, décida d'envoyer un sms à Ziad où elle écrivit :

mon cher Ziad, où que tu sois, j'espère que tu vas bien. Elda a disparu.
On est très inquiets. As-tu des nouvelles ? Si oui, appelle-nous vite.
Elda a besoin de toi. Nous aussi...

Jan était à mi-chemin quand il sentit la fatigue. Il fit une pause, il était près de Brême, en Allemagne. Il stoppa sa voiture sur une aire d'autoroute, et sortit sa coke, sniffa deux belles lignes et alla boire un café. Son cœur battait très vite. Il pensa à Ziad : « où es-tu mon frère ? ». Ils étaient en effet, comme deux frères. Tous les deux veillaient sur Elda depuis toujours. Il pensait aussi à Elda : « où es-tu ma sœur ? »
Jan se sentait mal. « Que s'est-il passé, qu'avons-nous fait ? »
Une multitude de questions envahissaient son esprit. Mais il se concentra sur la question d'Elda.

Après avoir repris des forces, il démarra la voiture et repartit en direction de Bruxelles. Il était tard, il n'arriverait qu'à la nuit tombée. Il accéléra.

Mirmo était dans un bar de nuit du centre-ville et s'amusait comme un fou. Enchaînant les boissons et jouant au séducteur inoffensif. C'était maintenant le milieu de la nuit et il retourna à l'hôtel afin de surveiller Elda. Quand il arriva dans la chambre, elle était toujours sur le lit, elle s'agitait dans un demi sommeil. Elle reprenait conscience alors Mirmo lui injecta une nouvelle seringue et lui fit prendre de force deux autres somnifères.

Il se déshabilla et s'allongea à côté d'Elda. Elle était nue. Elle avait un corps superbe. Mirmo enleva tous ses vêtements et lui détacha les pieds. Entre drogues et médicaments, elle sentait son corps abusé. Elle ne savait pas où elle était, ni avec qui.

Mais elle sentait son corps pénétré d'une très mauvaise énergie. Et comme pour oublier l'instant présent qui était flou, lointain mais douloureux, elle entonna dans sa tête les paroles du début de la chanson qu'elle avait commencé à écrire peu après la rupture avec Ziad :

« *Ce soir je chante pour tous les hommes et toutes les femmes,*

ce soir je chante pour les enfants et les étoiles, ce soir je chante...

de tout mon cœur.. de.. toute..... mon âme... »

Il était cinq heures à présent. Jan arrivait en ville, prit la direction du centre sans trop savoir où il allait. Il gara sa voiture dans un parking souterrain, prit ses affaires et marcha vers le centre. Que faire maintenant ? Se demanda-t-il. Il vit un bar ouvert et entra. Il commanda un whisky coca et s'assit. Il prit son téléphone et chercha sur Internet la liste des hôtels de Bruxelles.

– Où es-tu, marmonna-t-il. Pourquoi Bruxelles ? es-tu encore là ?

Il fut assailli à nouveau de dizaines de questions. Il respira profondément, but son verre, en commanda un autre et décida d'envoyer la photo d'Elda à tous les hôtels de la ville avec son numéro de téléphone. Le Grand Hôtel, où se trouvait Elda reçut la photo. Mais finissant son service à cinq heures et demie, le réceptionniste ne prit pas la peine de regarder les messages. Au changement, le nouveau réceptionniste prit son poste, et vit le fichier. Il ne reconnut pas Elda qu'il avait croisée la veille et ne prêta pas attention à la photo.

Le réveil de Mirmo sonna : 5H45. Il injecta à nouveau une seringue à Elda, toujours d'un dosage savamment préparé afin de ne pas la tuer , mais juste assez pour la garder inconsciente en continu. Puis, c'est le téléphone qui sonna. C'étaient les ambulanciers. Ils étaient à la réception, et grâce à leur scénario bien rodé, surent convaincre l'accueil de la fausse urgence. Ils venaient pour une femme qui avait eu un malaise, disaient-ils. Chambre 119. Le réceptionniste, malgré son étonnement, s'empressa de leur indiquer le chemin. Ils entrèrent, attachèrent Elda sur le brancard, et ils repartirent après avoir laissé la mallette contenant son prix de vente sur la table. Les ambulanciers redescendirent accompagnés d'un Mirmo visiblement inquiété pour simuler au mieux l'urgence de la situation. Mais en passant devant la réception, l'employé vit le visage d'Elda et la reconnut immédiatement d'après la photo du mail qu'il venait de consulter.

– Attendez Messieurs ! Mais les kidnappeurs le pressèrent, prétextant l'urgence et partirent avec Elda sous les yeux encore ébahis du réceptionniste. Il hésita, sans se méfier une seconde, puis répondit au message reçu de Jan :

Bonjour Monsieur, la personne que vous recherchez vient de quitter notre hôtel, en ambulance. Son ami est cependant de retour dans la chambre.

Naïvement, le réceptionniste répondait à Jan sans imaginer une seconde toute l'histoire qui se tramait autour d'Elda. Jan, toujours dans le bar, reçut le mail de l'hôtel.

Il paniqua. Ambulance ? Malaise ? Ami ?

Il regarda l'adresse du grand hôtel. C'était à cinq cents mètres. Il partit en courant du bar et ne s'arrêta, essoufflé, qu'une fois arrivé.

– Bonjour, je suis celui qui vous a envoyé la photo. C'est ma sœur. Je la cherche.

Jan ne donna pas plus d'information mais montra à nouveau une photo d'Elda et de lui-même.

– Bonjour Monsieur. Votre sœur a fait un malaise, mais ne vous inquiétez pas, son ami a appelé les urgences qui sont venues la prendre.

– Quel ami ? où est-il. ?

– Je ne peux pas vous donner cette information...il n'eut pas le temps de finir sa phrase que Jan l'attrapa par le col et lui répéta :

– Je cherche ma sœur.

– Chambre 119 Monsieur. Répondit l'employé, bien décidé à éviter les problèmes.

– Êtes-vous sûr que c'est elle que vous avez vue ?

– Oui, absolument.

Jan le remercia et se dirigea vers la chambre. Dans l'ascenseur, il sniffa une très grosse boulette directement de ses doigts, respira profondément et alla toquer à la porte de la chambre 119. Pas de réponse. Jan tapa plus fort à la porte.

– Qu'est-ce que vous voulez ? demanda Mirmo d'une voix endormie.

– Service de chambre. Répondit Jan.

– Je dors, revenez plus tard !

Jan s'impatientait et dit :

– Il y a une fuite dans votre salle de bain qui coule dans la chambre du dessous.

Tout en jurant, Mirmo alla ouvrir la porte à Jan sans même vérifier la salle de bain. Sans hésiter une seconde Jan lui chopa le cou et le serra très fort.

– Où est ma sœur ? Où est Elda ?

– Monsieur, lâchez-moi, s'il vous plaît, je ne comprends pas.

Et sans chercher à savoir si c'était un vrai ami d'Elda ou un imposteur, Jan lui donna un crochet si fort, que l'autre recula de deux mètres avant de tomber sur le lit. Jan se jeta sur lui. Après tout, ce type aurait pu être le nouveau petit ami d'Elda. Et le voyage à Bruxelles, une lune de miel ? Mais Jan n'était pas d'humeur à discuter. Vrai ou faux ami, il le cogna à nouveau sur le nez ce qui fit couler beaucoup de sang. Il le tenait ferme.

– En bas, il disent l'avoir vue partir en ambulance, où est-elle, tu me le dis ou je te crève.

– Je ne sais pas de quoi vous parlez.

Un coup au visage, un second, un troisième, le sang ruisselait sur le visage de Mirmo. Il lâcha :

– Attendez, vous parlez de cette fille que j'ai rencontrée hier. Elle m'a dragué dans un bar et m'a poussé jusqu'ici. Elle avait l'air droguée votre sœur.

– Elda ne se drogue pas, et il redonna un coup au visage qui fit très mal à Mirmo. Où est-elle ?

– J'ai appelé une ambulance, elle faisait un malaise. Je n'y suis pour rien moi.

– Donne-moi le numéro de l'ambulance que tu as appelée.

Devant l'hésitation du malicieux personnage, et tandis qu'il lui serrait le cou, de sa main droite, il prit une cigarette du paquet qui se trouvait à côté du lit, l'alluma et la positionna au-dessus de l'œil ensanglanté de Mirmo.

– Je te le demande une dernière fois, où est ma sœur ?

- Elle est.. heu...

Jan écrasa la cigarette dans l'œil ouvert de Mirmo, ce qui lui provoqua une douleur telle qu'il faillit s'évanouir. Jan venait de l'aveugler à jamais du côté droit. Mirmo comprit qu'il allait y laisser la vie s'il ne coopérait pas. Jan ne plaisantait pas, et il alluma une autre cigarette. C'en fut trop pour Mirmo. Il s'écria :

- Putain ta maudite sœur est à Hambourg, je l'ai vendue !
- Enculé ! Où ça à Hambourg ?
- Dans une maison close privée, dans le quartier des prostituées, le « Neptune ».

Jan craqua intérieurement. il posa une dernière question :

- Qui l'a achetée ?
- Si je vous le dis, je suis mort.
- Si tu me le dis pas, tu es mort maintenant.

Jan serra lui encore un peu plus le cou. Il suffoquait à présent.

- Je travaille pour Ulrick Jensen

Jan fut choqué.

- Tu connais Ulrick Jensen ?
- Je travaille pour lui, je lui trouve des filles et je lui vends. Pour le reste, je m'en bats les couilles ! Hurla-t-il.

Jan regarda Mirmo et dans un silence glacial, lui écrasa la seconde cigarette sur l'œil gauche. Il était à présent, définitivement aveugle. D'un coup puissant, Jan l'assomma et l'attacha. Mirmo était dans un piteux état, proche du coma, le visage ensanglanté et les yeux brûlés à jamais.

Jan s'assit à côté de lui, sortit son téléphone et se demandait comment agir.

Lui qui n'était pourtant pas un assassin, n'éprouvait rien pour le type à moitié mort gisant sur le sol. Il ne pensait qu'à une chose : sauver Elda.

Il décida de ne rien dire à sa mère. Il envoya un sms a Ziad et Sven :

Elda à été enlevée, elle serait à Hambourg. Ziad si tu es là,
j'ai besoin de toi. Sven, pouvez-vous vous occuper du type
qui m'a avoué tout ça. Je vais chercher ma sœur. Ne
dites encore rien à Hélène. Le type est attaché chambre 119

au Grand Hotel Bruxelles Centre.

Sven reçu le message et s'occupa de prévenir la police belge afin de récupérer Mirmo. De son propre chef, il entreprit de se rendre au « Neptune » afin d'y rejoindre Jan.

Chapitre IV

De retour à Malmö, Ziad se retrouvait cloîtré dans une chambre d'Hôtel, tétanisé par la peur et le doute. Il venait de revenir par la Turquie après deux jours passés en Syrie. Lui qui, à travers sa religion, avait été convaincu de venir en aide au peuple opprimé par la guerre, avait accepté de partir pour une cause humanitaire. A peine arrivé sur place, il avait été envoyé sur les champs de bataille sans savoir pourquoi ni contre qui il se battait. Il avait vu des corps d'enfants déchiquetés par des obus ou des mitraillettes. Des femmes abusées, une foule de cadavres mutilés. Il ne vit aucune trace ni de Dieu, ni d'humanité dans tout ça. Il fut si choqué, qu'il s'échappa dès qu'il le put pour rentrer en Suède avec ses papiers qu'il avait réussi malgré tout, à conserver. Il se cachait car il pensait bien qu'on ne le laisserait pas en paix. Il s'était enfermé dans sa chambre et n'avait pas répondu au téléphone ni aux messages d'Hélène pensant qu' Elda avait juste un coup de blues. Il aimait Elda plus que tout et comptait bien s'expliquer auprès d'elle dès que possible. Il était perdu, ses pensées se contredisaient, faisaient des nœuds dans son esprit affaibli.
Il reçut le message de Jan, et y répondit immédiatement sans hésiter malgré la situation.

- J'arrive, rendez-vous au Neptune à Hambourg, je trouverai.

Ziad mit de côté ses questions existentielles, devant l'urgence, il prit une douche rapide, se rasa les cheveux et la barbe. Il se regarda dans la glace, et se dit : « je sais qu' Elda me préférera comme ça ». Il sourit, et comme rattrapé par la réalité, il accéléra le mouvement avec un air encore plus déterminé que lorsqu'il avait dû la quitter pour sa mission. Il prépara rapidement son sac, ne prenant que le strict nécessaire tout en calculant son itinéraire. Il se disait qu'il arriverait à Hambourg certainement en même temps que Jan. Il sortit et alla chercher sa moto. Enleva ses plaques pour les remplacer par des fausses. Il respira profondément, mit son casque et partit à vive allure.

Hélène, qui n'avait ni réponse de Jan ni de Sven ni de Ziad, pensa en elle-même : «je vous fais confiance, les garçons, ramenez-moi ma fille ». Elle alla dans la pièce qui lui servait d'atelier et commença un portrait d' Elda en attendant dans un calme relativement confiant. Elle connaissait bien son fils et Ziad. Tous deux étaient courageux, voire un peu trop téméraires à son goût. Mais elle savait qu'elle pouvait compter sur eux. Si elle n'avait pas de nouvelles, c'est que quelque chose se passait. Sven, qui avait donné toutes les informations nécessaires à son supérieur et à la police belge, partit discrètement de son côté, tout aussi rapidement en direction d' Hambourg. Il venait aider Jan en tant qu'individu, en tant que père, comme s' il partait chercher sa propre fille elle même disparue à Bruxelles un an auparavant, dans des conditions similaires. C'était une démarche inconsciente, car il avait abandonné tout espoir de la retrouver depuis longtemps.

Jan reçut le message de Sven et celui de Ziad. Ils lui redonnèrent force et énergie. Il était toujours assis sur le lit à côté d'un Mirmo encore inconscient et continuant à se vider de son sang. Mais ça ne l'affectait pas. Les confessions de ce trafiquant d'humains suffisaient à étouffer tout sentiment de compassion. Il l'aurait tué bien volontiers, mais il préférait que la police le cuisine un peu plus.
Jan était fatigué. Il carburait à la coke et n'avait quasiment pas dormi depuis trois jours maintenant. Il savait qu'il devait partir mais il lui fallait du carburant. Il sortit à nouveau son sachet de poudre qui ne contenait maintenant plus qu'un gramme ou deux. Il regarda la cocaïne et comprit que c'était depuis que sa consommation était devenue quasi quotidienne, qu'il avait fait fuir Ziad et délaissé Hélène et Elda. Des larmes de regret et de fatigue coulaient sur son visage. Il avait été aspiré par la drogue et par les pensées extrémistes. La cocaïne, cette chienne aux allures de star !
Ok, se dit-il, il faut y aller. Il prépara une ligne plus grande que toutes les autres et mit le cap sur Hambourg.

En passant devant l'accueil, il indiqua au réceptionniste, toujours à moitié endormi, que la police viendrait chercher son client de la chambre 119 et surtout de ne rien leur dire à son sujet. L'employé comprenant que la situation était plus compliquée qu'il ne l'imaginait, acquiesça et promit de ne rien dire. Il n'avait surtout pas envie de se mêler à cette histoire en encore moins d'avoir à passer des heures dans un commissariat. Le regard de Jan était suffisamment parlant. Il entreprit alors d'effacer le mail et la photo d'Elda qu'il avait reçus.

Jan était déjà en route ainsi que Sven et Ziad. Ils avaient tous les trois le corps et l'esprit en feu et pensaient tous à la même chose : comment récupérer Elda ?
Sven savait qu'il faisait une faute grave en se déplaçant sans autorisation. Mais il ne pouvait s'empêcher de penser que si l'enquête sur sa fille avait échoué, c'était à cause de la lourdeur des procédures presque toujours longues et vaines. Il savait qu'il mettait sa carrière en jeu mais c'était plus fort que lui.

Ziad fonçait sans réfléchir. Il savait à présent, qu'il serait le premier arrivé et avait sa petite idée sur la marche à suivre pour la suite.

Le Neptune était une maison close bas de gamme en apparence. Il n'y avait que des jeunes filles volées, arrachées à leurs vies. Sous ses apparences minables, cette institution brassait un chiffre d'affaires impressionnant. Toutes les filles étaient droguées continuellement par celui qu'on appelait « Doctor ». La spécialité de la maison était de permettre à ses clients de réaliser leurs fantasmes les plus fous, dangereux ou immoraux. Pédophilie, sadisme en tout genre, violence et viol étaient au menu.
Des politiciens, des hommes d'affaires ou de riches pervers pouvaient s'offrir leurs fantasmes les plus tordus grâce au Neptune. Son propriétaire n'était autre que Ulrick Jenssen, fondateur et dirigeant de la Nouvelle Europe. Il avait un sbire dans chaque capitale européenne chargé de trouver des filles. Et comme pour Elda, le scénario était le même à chaque fois. Une fille belle, seule, des cachets de GHB, de l'héroïne et des somnifères, le tout savamment dosé et administré. Puis, le coup de l'ambulance, et enfin le Neptune. Ulrick finançait son parti avec l'argent de son « club » et également avec le trafic de cocaïne, d'héroïne et d'amphétamines diverses dont les clients n'étaient autre que la jeunesse paumée, attirée par le discours du bon papa protecteur qui leur promettait une société où ils auraient leur place.
Un peu comme les recruteurs religieux, des idéologies populistes visaient une population précise afin de les manipuler pour l'intérêt de leur chef. Ces idées étaient issues de frustrations et de sentiments refoulés qui s'exprimaient au travers de la violence et de la mort. Ziad et Jan avaient d'ailleurs, tous deux, été conquis par ces

pensées extrémistes grâce au mélange de drogues mais aussi par manque de représentations paternelles solides et positives.

L'autodestruction est une équation si simple qu'il est plus facile d'y céder que de se battre contre soi-même pour garder l'équilibre : le juste milieu, la foi en la vie. Elda connaissait bien ça, et quand elle doutait, elle pensait : « *un humain, un frère* », et ça lui redonnait de l'espoir en l'humanité. Malheureusement, il ne faut qu'un instant pour perdre pied. Elle s'était effondrée en sentant son frère et l'amour de sa vie prendre des chemins en même temps aussi opposés qu'identiques : repli sur soi, rejet de l'autre. En oubliant le principe premier nécessaire à la paix entre tous : vivre et laisser vivre.

Au Neptune, ce jour-là, vingt-trois filles étaient disponibles à la carte. Le club fêtait sa première année. Tout juste un an, date où la fille de Sven avait disparu. Des invités étaient prévus tout au long de la journée. Et une surprise les attendait pour fêter ce premier anniversaire. Cette surprise était Elda. Belle comme un ange malgré les maltraitances. Elle avait été lourdement droguée pour l'occasion. Ils l'avaient maquillée et habillée de cuir noir, attachée au milieu d'une pièce par les mains et les pieds. Les invités recevaient comme cadeau de fidélité, le droit pendant vingt minutes chacun leur tour, de s'amuser avec elle. Ce n'était que le milieu de journée et Elda avait déjà des marques de coups, des traces de fouet qui laissaient place à des plaies sanguinolentes. Et d'autres invités étaient encore prévus. Quel genre de personne pouvait prendre du plaisir dans de telles conditions ? Probablement celles-là même qui envoient la jeunesse se faire exploser ou ces monstres de sadisme et de perversion qui droguent et manipulent jusqu'à l'extrême destruction.

Ziad arriva devant le Neptune. Il était agité. Il envoya un message à Jan pour lui dire qu'il était sur place. Pas de réponse... Jan avait encore une heure de route, et ne s'aperçut pas du message qu'il venait de recevoir. Il était concentré.

Ziad regarda le club et pensa que si Elda était là-dedans il n'attendrait pas une seconde de plus pour l'en faire sortir. Il gara sa moto, rangea son casque à l'emplacement prévu à cet effet, se regarda dans le rétroviseur et se recoiffa de la main. Il voulait être beau pour Elda. Jan et Ziad ont toujours été comme ça, comme un jeu d'enfant qui n'avait jamais disparu : prendre le temps de se faire beau même dans les moments les plus durs. Comme pour narguer le destin et défier leur peur. Ziad se mit à réfléchir : au Neptune, il y avait le Doctor, deux femmes et deux gardes du corps. Combien pouvait-il y avoir de clients ? Peu importe, se dit-il. Il n'avait aucune idée de ce qui l'attendait mais se dirigea vers la porte d'entrée d'un pas plus que décidé, et appuya sur l'interphone. La porte s'ouvrit et il entra.

- Bonjour Monsieur, dit la femme à l'entrée, que puis-je faire pour vous ?

elle ne connaissait pas ce visage, et comme tous ceux qui avaient un lien avec la Nouvelle Europe, cette femme n'aimait pas les gens « typés ». Le Neptune n'avait pas pour habitude d'avoir des clients autres que des partisans, de près ou de loin, du parti d'Ulrick. Ziad sentait le malaise s'installer, et s'empressa de plaisanter :

- J'ai besoin de détente, avez-vous quelque chose à me proposer ?
- Non Monsieur, nous sommes un club privé. Avez-vous votre carte de membre ?

Et pendant qu'elle lui parlait, elle appuya sur un bouton qui alerta les deux colosses présents dans une pièce à côté et qui s'empressèrent d'arriver.

- Madame, vous avez besoin d'aide ?

Pendant que les deux hommes s'adressaient à la femme, Ziad vit une porte à moitié ouverte au fond du couloir derrière l'entrée. Deux hommes nus tournaient autour d'un corps, dont la chevelure brillait dans l'obscurité ambiante. En une seconde, il reconnut les cheveux d'Elda. Les deux gros bras s'avancèrent vers lui :

- Sortez Monsieur et ils l'empoignèrent chacun par un bras.

Ziad sourit, respira doucement et leur dit :

- Je crois que vous n'avez pas compris, je viens chercher ma femme, enfin ma presque femme, ne lui dites pas parce que je n'ai pas encore de date pour le mariage, elle serait furieuse.

Il regarda les deux hommes qui ne comprenaient rien, et qui le serrèrent encore plus fort… direction la sortie.

Chapitre V

Jan et Ziad étaient tous deux formés depuis l'enfance aux arts martiaux. Pendant que certains jouaient au foot et d'autres aux jeux vidéo, ces deux-là, jouaient sur les tatamis. Ce qui allait leur être très utile dans ce qui allait se passer à présent...

D'un coup vif, Ziad se dégagea des deux bras qui le tenaient en enrobant son avant-bras sur leurs poignets, les contraignant à lâcher leur prise. Puis, il asséna un coup sec dans les yeux de l'un, et un coup de pied de côté bas dans le genou de l'autre. Il recula d'un pas et assomma le premier d'un coup violent sur la tempe, et le second d'un coup derrière la nuque.

La femme, hébétée, le regarda et cria « Doctor », Ziad vit les deux clients qui étaient autour d'Elda se faufiler par une petite porte. Ziad attrapa les cheveux de la femme et lui cogna la tête sur le bureau. Elle s'écroula. Il courut dans la salle où se trouvait Elda, quand Doctor et son assistante arrivèrent en hurlant. Ziad se retourna et d'un coup de pied dans les parties du type, le mit à genoux. Il envoya un second coup de pied au thorax de la jeune femme qui accompagnait Doctor, elle recula de trois mètres, la respiration coupée. Il finit le premier d'un coup puissant de l'intérieur du poing et lui fracassa la mâchoire. La seconde étant toujours par terre, il s'empressa de ligoter la femme de l'accueil, les deux videurs, Doctor et son assistante avec tout ce qu'il trouvait ; fils électriques, cravates et vestes de costumes servirent de menottes improvisées. Il entendit gémir derrière une porte, c'étaient les deux clients qui étaient assis nus dans le placard. Ziad jeta un œil sur Elda, et regarda les deux lascars qui n'en menaient pas large. Il leur dit de fermer leur gueule ou il s'occuperait d'eux. Ils acquiescèrent sans broncher, et il referma la porte à clé derrière lui, laissant les pervers enfermés dans leur plus simple appareil.

Il regarda à droite, à gauche et écouta …

– Personne d'autre ? cria-t-il avant de se précipiter auprès d' Elda.
– Mon dieu, que t'ont-ils fait ?

Il prit les clés des menottes posées à côté et la détacha. Ziad pleurait à présent et serra Elda dans ses bras . Celle-ci à moitié consciente, sentit Ziad et, comme apaisée, se laissa aller à perdre connaissance.

– Elda... répétait-il. Il prit un manteau d'un des clients qui était posé à côté de la table, et le mit autour d'Elda. Il la prit dans ses bras, la porta vers l'extérieur, quand la porte d'entrée s'ouvrit brutalement sur Sven. Les deux hommes ne se connaissaient pas, ils se dévisagèrent un instant.

– Poussez-vous, dit Ziad.

– Qui êtes-vous ? C'est Elda ! Sven reconnut la jeune fille dont il avait la photo.

– Et vous êtes Ziad, devina-t-il se souvenant des photos qu'il avait vues avec Jan.

– Et vous qui êtes-vous ? Demanda Ziad qui portait toujours Elda et qui avait bien l'attention de ne plus la lâcher.

– Je m'appelle Sven, je suis avec Jan. Et il n'eut pas le temps de finir sa phrase que celui-ci arriva essoufflé. Il s'arrêta net à l'entrée et regarda autour de lui. Des personnes attachées, en piteux état, Sven et Ziad qui tenait encore Elda dans ses bras. Tous se regardèrent sans rien dire et comprirent que c'était fini. Ils étaient là, et ils avaient trouvé Elda. Jan se jeta sur sa sœur. Sven prit la parole :

– Vous deux, emmenez-la à l'hôpital d' Hambourg, moi je m'occupe de ceux-là avec la police allemande. Je dirai que je n'ai pas vu vos visages. Allez, filez, elle a besoin de soins.

– Ok, dirent-ils en chœur.

– Viens Ziad, prenons ma voiture, elle est juste devant.

– On y va, elle a besoin d'aide.

Ils partirent sans attendre, laissant Sven au milieu de ce bordel. Il appela la police de la ville sachant qu'il aurait des comptes à rendre quant à sa présence sur les lieux. Ça promettait d'être une situation quelque peu embarrassante...

Pendant ce temps, les trois filèrent aux urgences d'Hambourg. Ils arrivèrent dans un grand état d'agitation et se précipitèrent sur le premier médecin en vue.

– Que s'est-il passé ? Elle n'a pas l'air en bonne forme cette jeune femme.

– C'est ma sœur, elle a dû être droguée, ça fait au moins deux jours qu'elle doit être comme ça, nous l'avons trouvée dans cet état.

– Nous allons nous occuper d'elle, ne vous inquiétez pas. Le médecin fit venir un brancard et une infirmière l'emmena.

Ziad et Jan la regardèrent s'éloigner, le souffle encore haletant de cet épisode.
Ils s'assirent pour récupérer un peu et faire le point. Jan commença :

- Merci Ziad.
- De quoi ? D'avoir laissé mon amour ? De l'avoir mise dans les mains de ces types-là ?
- C'est moi qui l'ai laissée.

Ils se regardèrent et dans un silence profond, ils réalisèrent que tous deux s'étaient enfoncés chacun vers leur propre ténèbres.

- Je vais aux toilettes, et Jan se leva.

Une fois aux toilettes, il sortit son sachet de drogue et le contempla en pensant à la promesse qu'il s'était faite : de tout jeter dès qu'il aurait retrouvé Elda. Comme c'était chose faite, il jeta sa poudre au fond des toilettes, cracha dessus et tira la chasse d'eau.
Il retourna voir Ziad.

- on discutera de tout ça plus tard tu ne crois pas, dit-il d'une voix douce.
- oui mon frère.
- je suis à nouveau ton frère, dit Jan en souriant.
- tu es mon seul frère, Hélène ma seule famille, et Elda l'amour de ma vie.

Puis, ils s'assoupirent sur les fauteuils de l'hôpital en attendant des nouvelles de leur très chère Elda.

Pendant ce temps, Sven se démenait avec la police allemande qui essayait de comprendre ce qui venait de se passer. Surtout qu'à l'étage, s'étaient cachés plusieurs clients qui avaient eu peur d'être vus ainsi que des filles complètement amorphes car le Doctor étant désormais hors service, les divers anesthésiants et l' héroïne n'étaient plus administrés.
Pendant que Sven s'expliquait difficilement sur la situation et sur sa présence non officielle à un agent, d'autres policiers faisaient descendre les clients un par un.
Sven, qui se débattait, fut coupé par le collègue qui l'écoutait car Mirmo avait tout avoué sur le fonctionnement de l'établissement. Rien ne reliait tout ceci à Ulrick directement mais il y avait assez d'éléments pour qu'ils interviennent. C'est alors que Sven qui s'efforçait toujours de justifier sa présence en s'enfonçant un peu plus à

chaque mot, resta bouche bée et fondit brusquement en larmes alors qu'il reconnut, dans les bras d'un des agents de police, Johanna, sa fille ! Il en tomba à genoux. Elle avait disparu un an auparavant et le dossier avait été clos sans espoir de jamais la revoir. Il se releva et se précipita sur le policier qui la portait :

– Johanna, murmura-t-il sanglotant, comme si ses jambes n'allaient plus le tenir Debout.... C'est ma fille... donnez-la-moi. L'agent s'exécuta sans rien dire. Sven prit sa fille dans ses bras en pleurant de plus belle.

– Johanna, répétait-il, comme s'il avait peur de se réveiller... mon bébé, tu es vivante...

Elle était mal en point. Droguée et maltraitée depuis un an, elle ressemblait à un sac d'os sans âme. Sven n'y croyait pas, il pleurait et était secoué de tremblements. Il était en état de choc. Un agent vint à son secours. Trois ambulances arrivaient pour les filles. Des fourgons de police pour les clients. En plus d'avoir fait plusieurs blessés, Jan et Ziad avaient provoqué un vrai chaos dans ce lieu crasseux et repoussant. L'état de Mirmo avait dû déjà susciter beaucoup d'interrogations à Bruxelles lorsqu'il avait été trouvé à moitié mort, les yeux brûlés et devenu aveugle à vie. Mais devant l'état des vingt filles retrouvées au Neptune, la quantité saisie de médicaments et de drogues, le sang giclé par ci par là, ils ne pensèrent plus du tout aux blessures du trafiquant. Cela n'avait plus d'importance à leurs yeux ébahis par l'incroyable horreur qu'ils découvraient ici. Les filles et Sven furent emmenés à l'hôpital où se trouvait Elda. Les polices Belge et Allemande allaient enquêter sur tout ce bazar. Mais Elda, Jan et Ziad étaient partis ni vus ni connus. Et ce n'était sûrement pas Sven qui allait les dénoncer, encore moins le réceptionniste qui n'aspirait qu'à être loin de tout tracas. Sven avait retrouvé sa fille. Reprenant ses esprits dans l'ambulance, il envoya un message à son épouse :

je suis avec Johanna, elle est vivante, je t'aime,

Puis ayant peur du choc à distance, il se ravisa et effaça. Il préférait revenir avec Johanna dans quelques jours lorsqu'elle aurait repris des forces. Même si la cure de désintoxication allait être longue et difficile.

Tout ce petit monde se retrouva à l'hôpital. Sven aperçut Jan et Ziad. Le premier dormait encore et le second attendait des nouvelles d'Elda. Sven dit à l'ambulancier qu'il se sentait bien, de prendre soin de toutes ces jeunes filles. Il caressa le visage de Johanna qui s'agitait, elle ouvrit les yeux et fixa son père pendant un moment sans rien dire.

– Oui ma chérie, je suis là. Nous sommes à l'hôpital, tout va bien, je t'attends là.

Et comme si elle n'avait pas réalisé ce qui se passait, elle referma les yeux.
Les médecins, désormais informés de la situation, mirent chacune des filles dans une chambre individuelle, avec cinq infirmières à leur entière disposition.
Une désintoxication rapide d'urgence, des examens sanguins complets, une réalimentation adaptée. Un médecin s'avança vers Jan et Ziad :

– Elda est avec vous n'est-ce pas ?
– Oui docteur, je suis son frère.
– Elle est intoxiquée depuis deux jours vous me dites ?
– Je pense, dit Jan. Je l'ai vue vendredi et elle était en bonne santé.
– Bon, nous la gardons jusqu'à demain matin, nous prenons soin d'elle. Venez la chercher demain midi. Elle aura besoin encore de repos, mais elle pourra rentrer chez elle.
– Merci docteur, dit Jan.
– Et pour ma fille ? S'inquiéta Sven.
– Je ne sais laquelle c'est, mais certaines sont très mal en point, admit le médecin.
– Ça doit faire un an qu'elle y était.
– Venez avec moi, nous allons la voir.
– A plus tard Jan, je vous appelle quand j'aurai vu Johanna avec le docteur.

Et ils partirent examiner Johanna, considérée comme morte depuis déjà des mois.

A ce moment précis, une force était en train de s'établir autour d' Elda puis de Jan et de Ziad, englobant Sven et Johanna. Une magnifique chaîne de solidarité les unissait tous à présent dans un destin incertain peut-être mais qui leur serait commun.
Après un moment, Sven revint de sa visite avec le médecin et se dirigea vers Jan et Ziad avec un regard qui oscillait entre joie et inquiétude.

- Le médecin pense que Johanna aura besoin d'au moins un mois d'hospitalisation avant de pouvoir envisager une sortie définitive. Ensuite elle pourra rentrer chez nous sous contrôle médical avec un suivi de désintoxication. Pour l'instant je ne sais pas comment annoncer tout ça à sa mère.
- Appelle-la maintenant, dis-lui de s'asseoir, de se préparer à une grande nouvelle et raconte-lui tout en détail. Conseilla Ziad.
- Oui vas-y, renchérit Jan. Nous restons avec toi.

Sven s'assit et prit son téléphone. Il appela sa femme et commença à tout lui expliquer. Une fois la conversation terminée, Sven leur dit :

- Elle arrive demain midi à la gare d' Hambourg.
- C'est justement quand on doit récupérer Elda. Nous sommes tous les trois ce soir, allons trouver un hôtel et nous rafraîchir. On a l'air de quoi ?

Sur ce, les trois compères se dévisagèrent et furent pris d'un fou rire nerveux.

- Effectivement, allons-y, dit Ziad en prenant la direction de la sortie.
- J'ai besoin d'un quadruple café et d'une boite d'aspirine ! râla Jan en se tenant la tête.

La redescente de toute la drogue qu'il avait sniffée commençait à se faire sentir. Il rigola tout seul et prit le parti de cesser de pleurer sur l'état des filles qu'ils venaient de libérer. Pour le moment, ils ne s'en rendaient pas vraiment compte mais il y avait lieu de se réjouir puisque vingt-trois jeunes filles, grâce à eux, venaient d'échapper à un sort terrible.

L'endroit fourmillait désormais de policiers belges, allemands et suédois. Ils cherchaient déjà à identifier chacune des victimes dont la plus jeune n'avait que quatorze ans. Chaque femme, chaque mère, chaque jeune infirmière et médecin se sentait touchée au plus profond de son être. On vendait la femme, on l'utilisait pour assouvir ses pulsions les plus sordides d'hommes pervers. Ces filles toutes droguées, violées, maltraitées pouvaient être elles-mêmes, ou leur fille, ou leur sœur. Tout le personnel de l'hôpital prenait grand soin de toutes ces jeunes et jolies femmes abîmées au plus profond de leur âme et de leur corps.

Les trois gars sortirent de l'hôpital, et prirent une chambre pour trois au premier hôtel trouvé à proximité.

Après une bonne douche et quelques bons cafés, le tout dans un silence profond, où chacun revivait les événements dans sa tête, Jan rompit le silence en premier :

- Quelle chance d'être tombé sur ce réceptionniste pas très regardant sur les protocoles. Et quelle chance que vous ayez été là. Elda aurait pu nous échapper.
- Comme Johanna, dit Sven, en se tenant la tête entre les mains. Je suis si heureux. Je n'y crois pas. Je n'y crois pas, répétait-il, les yeux embués.

Ziad sourit tendrement en regardant par la fenêtre, puis s'adressant aux deux autres :

- Si nous sommes là, tous, il doit y avoir une raison. C'est Elda qui nous a conduits jusqu'ici. Elle nous a amenés à Johanna. Elle nous a réunis sans s'en rendre compte. Comme si inconsciemment elle donnait sa vie en ultime chance de retrouver quelque chose...
- Nous, dit Jan d'une voix grave, c'est nous qu'elle voulait retrouver. Que s'est-il passé Ziad, mon frère ?
- Ça faisait longtemps que je ne t'avais pas entendu m'appeler mon frère. Ça fait du bien.
- D'ailleurs, faudra m'expliquer ton changement, où sont ta barbe et tes discours ?
- Et toi, renchérit Ziad, je ne t'ai pas vu t'en foutre plein le nez depuis qu'on s'est retrouvés.

Ils rigolèrent tous les deux et se prirent dans les bras.

- J'ai arrêté tout à l'heure, au moment où j'ai récupéré ma sœur.

- Moi, je me suis rasé ce matin avant de venir.
- Faudra qu'on parle tous les deux. Puis ils se retournèrent vers Sven qui assistait à la scène sans rien dire.
- Allons manger, nous le méritons bien ! Et Jan rajouta :
- Je vous invite ! Et il jeta un sac sur le lit au milieu de la chambre d'hôtel.

- Qu'est-ce que c'est ? Interrogea Sven,
- Ouvrez, dit Jan.

Ziad pris le sac et l'ouvrit. Il contenait des liasses de billets de cinq cents euros.

- Qu'est-ce que c'est que ça ?
- Je l'ai trouvé dans la chambre de Mirmo, c'était ouvert à côté du lit, je me suis dit que ça pourrait nous être utile ! J'ai compté, il y a plus de deux millions d'euros en liquide. Cet argent vient d' Ulrick ou alors lui était destiné. J'ai décidé à l'instant que cet argent, nous le partagerons en trois. Chacun de nous en aura besoin pour sa reconstruction.

Le téléphone de Sven sonna, il décrocha, il dit :

- Je comprends, je m'en doutais et je vous rendrais ma carte dès mon retour.

Jan et Ziad venaient de comprendre que Sven venait d'être viré de la police Suédoise.

- C'est ok pour le partage… si tu es toujours d'accord Jan ?

Tout le monde rigola et ils sortirent manger. Après tout, Johanna et Elda étaient en vie, retrouvées par je ne sais quel heureux hasard, si cela en était un. Toutes les autres filles étaient en sécurité également. Tous les trois pouvaient désormais se délecter d'un dîner et d'un bon vin du Pic St Loup qu'ils appréciaient tous, en provenance de cette région du Languedoc Roussillon au sud de la France.

La femme de Sven arrivait le lendemain midi et Elda pourrait sortir au même moment. Sven avait l'intention de passer le mois nécessaire à la remise en forme de Johanna avec sa femme. Comme des grandes vacances de retrouvailles, et quelles retrouvailles ! Maintenant qu'il avait du temps et de l'argent, il inviterait sa femme dans le plus bel hôtel de Hambourg, et pourrait s'occuper uniquement de sa famille maintenant réunie.

Jan et Ziad comptaient récupérer Elda le lendemain pour la ramener chez elle où Hélène l'attendait avec très grande impatience. Elle était rassurée et se sentait pleine de gratitude envers ces deux courageux jeunes hommes qui l'avaient retrouvée.

Jan cacha le sac plein de billets dans la chambre d'hôtel, et ils sortirent dîner.

Sven était sous le choc d'avoir retrouvé sa fille qu'il croyait morte, Ziad était perdu, désemparé et savait qu`après avoir « déserté » les champs de bataille en Syrie, il ne retrouverait pas de sitôt sa tranquillité d'esprit. Quant à Jan, il avait la tête à l'envers entre sa redescente de la drogue, son égarement dans l'extrême droite, et Ulrick. Il sentait l'imminence du danger si celui-ci venait à apprendre qu'il avait été à l'origine de la chute du Neptune. Et il allait certainement l'apprendre plus vite que prévu. Jan sentait qu'il fallait agir, mais comment ?

Malgré toutes les questions se bousculaient dans leur tête, ils étaient sensibles à la sérénité qui régnait et qu'ils n'avaient encore jamais connue. Ils ne le savaient pas encore, mais leurs vies ne seraient plus jamais comme avant.

Ils entrèrent dans un beau restaurant traditionnel allemand au décor authentique. Ils s'assirent et contemplèrent les lieux avec un grand plaisir.

Ziad sourit aux deux autres et leur lança :

- Un suédois belge, un suédois hollandais, et un suédois libanais ! Il rigola de plus belle,
- Dans un restaurant allemand !... Je vous aime comme vous êtes, j'aime être ici, j'aime mon Europe, j'aime le monde. Il fut pris d'un fou rire nerveux devant les yeux écarquillés de ses comparses qui se mirent à rire bruyamment avec lui.

Ziad rigola et commanda la meilleure bouteille de vin de la carte. Ils mangèrent et burent abondamment comme s'ils n'avaient pas mangé depuis des jours. Leur alliance était scellée avant qu'ils n'en aient conscience. Ils passèrent la meilleure soirée de leur vie dans une euphorie empreinte de liberté, de force et d'amour.

Chapitre VI

Après ce bon repas très copieux, ils rentrèrent doucement en direction de leur hôtel. Jan regardait les gens et dit : « Un humain, un frère ».
Sven et Ziad le regardèrent et en chœur répétèrent : « un humain, un frère ». Après cette journée, ils n'eurent pas de mal à s'endormir.

Le soleil était déjà levé. Ziad se réveilla le premier. Son premier réflexe fut de penser à Elda, puis de faire la prière du matin. Mais il se ravisa. Il pensa qu'il avait besoin de communion avec les autres à ce moment précis et sa prière serait une action pour autrui. Il s'habilla et alla chercher de quoi faire un bon festin matinal. Il rentra aussitôt à l'hôtel les mains chargées de fruits, de pains chauds, de fromage, etc... Il commanda du café pour dix à la réception et remonta avec ces vivres dans la chambre.

– Debout tout le monde ! Cria t-il avec une belle énergie et servant Sven et Jan avec plaisir. Elle était là sa prière du matin, un geste de bienveillance tourné vers les autres. Ziad se sentait bien, libre de ses pensées tout à coup. Son esprit avait implosé entre sa sinistre excursion sous couvert de la religion et le malheur arrivé à Elda à cause de tout cela. Même si ce n'était pas sa faute en soi, il ne pouvait s'empêcher de culpabiliser pour tout ce qui était arrivé. Mais il se reprit, fort de sa sagesse et se dit que l'avenir était important dorénavant, et que les erreurs devaient être des tremplins vers plus de sérénité. Il fallait, à présent, réparer tout ce qui avait été cassé.
Jan ouvrit les yeux, réveillé par l'odeur du café chaud qui imprégnait la pièce, et le rayon de soleil qui lui caressait la joue comme si c'était Elda qui lui rappelait qu'il fallait aller la chercher.
Il se leva, Sven suivit, et ils déjeunèrent tous les trois en silence, dans la chambre d'une teinte orangée avec le lever du soleil timide mais présent.
Jan rompit le silence d'un ton grave : Il faut se dépêcher de déguerpir d'ici, il va falloir s'éloigner de Mirmo, mettre les autres à l'abri. Ulrick doit déjà savoir ce qui s'est passé. Le type qui a enlevé Elda a sûrement vu mon tatouage et Ulrick va vouloir nous retrouver.

– Ok, Jan, dit Sven, allez chercher Elda et votre mère et avec Ziad allez à

Klampenborg, au Danemark. Je viens d'hériter d'une maison de famille à Skovshoved. Personne n'est au courant, allez tous là-bas, c'est grand. Avec l'argent nous aviserons pour organiser l'avenir. La priorité c'est ma fille et Elda...

Sven s'interrompit l'air inquiet. Ziad comprit que Johanna était bloquée à l'hôpital.

- Quoi ? Dit Jan,
- Johanna, dit doucement Ziad comme pour ne pas que Sven entende.

Jan réfléchit, puis expliqua son plan : avec ton accord Sven, on va les prendre toutes les deux maintenant. J'appelle Sanja, je lui donne l'adresse, je contacte un ami à qui je vendais de la coke, un ancien toxico à l'héroïne qui s'est soigné à plusieurs reprises, seul. Il connaît les extrêmes, je l'appelle aussi. A savoir que sa méthode passe par une diminution progressive sur un mois pour ne pas que le corps lâche. Il la droguera jusqu'à l'arrêt total avec un ou deux calmants, des anti douleurs, de l'herbe et beaucoup d'amour autour. Nous serons tous là. Sven regardait Jan dans les yeux et lui demanda :

- Qu'en penses-tu toi ?
- J'ai confiance en Nabil, c'est un pro dans le domaine. Il connaît mieux le problème que la plupart des médecins. Et puis, faut se tirer de là au plus vite.

Il envoya un message à Sanja, et à sa mère, puis appela Nabil qui pour 10 000 euro, drogues comprises, accepta sur le champ.

Sven appela sa femme et lui demanda de se rendre à Skovshoved préparer la maison. Tout le monde allait dans le même sens, sans poser de question, sans paniquer, presque avec un professionnalisme froid mais serein et bienveillant.

- On y va messieurs.

Ils s'habillèrent et partirent vers l'hôpital. Leur plan : prendre les filles, les mettre chacune dans une voiture suivie en moto par Ziad, et foncer jusqu'à leur nouvelle demeure. Hélène, sans poser plus de question, comprit l'enjeu et prépara ses affaires soigneusement. Elda serait bientôt avec Jan, c'est tout ce qui comptait. Et puis, cet appartement lui pesait au fond, trop de nostalgie. Positive comme à son habitude, elle voyait là une occasion de recommencer une nouvelle vie en famille sans comprendre

vraiment ce qui se passait. Elle était portée par cette énergie naissante à des centaines de kilomètres d'elle. Elle finit de préparer ses bagages en faisant un dernier tour dans son atelier avant de se sentir enfin prête à partir. Elle laissait derrière elle tous ses souvenirs. Mais qu'importe, elle voulait juste voir ses enfants. Elle prit sa voiture et roula en direction du pont Oresund qui l'emmènerait en face au Danemark à Skovshoved.
Pendant ce temps, Nabil avait fait ses achats en vue de sa mission, qui à vrai dire lui plaisait. Il avait héroïne et cocaïne de première qualité, son lot de seringues, des anti douleurs, des calmants, du haschich et de l'herbe... bref, tout l'attirail nécessaire pour sa méthode de rue lorsqu'on n'a pas accès aux soins ou aux centres spécialisés dans le traitement de la dépendance. Son programme consistait en une baisse progressive et très contrôlée de la prise de drogue accompagnée de longues nuits de sommeil et d'un programme d'exercice commençant par de simples étirements et ayant pour objectif une évolution quotidienne en équilibre avec la diminution de drogue. De moins en moins de drogue et de plus en plus de sport. Il s'agissait de gérer le physique mais il y avait aussi le mental. Nabil avait l'expérience personnelle des overdoses et cures en tous genres. Il serait un soutien psychologique 24h sur 24. Il ne la quitterait pas une seconde jusqu'à l'arrêt total des drogues chimiques. Surtout pas d'alcool dans sa méthode. Il avait tout ce qu'il fallait, il entra l'adresse dans son GPS et se dirigea vers le pont Oresund espérant qu'avec toute sa marchandise, il ne croiserait pas de chiens policiers ou de douaniers zélés. Il fallait éviter aussi de montrer à Jan cette cocaïne qu'il emportait pour les grosses douleurs ou déprimes de Johanna lorsque, inévitablement pendant le traitement, elle redescendrait aux enfers. Nabil, qui était consommateur, décida de se faire un petit programme personnel en même temps qu'il s'occuperait de Johanna. Il avait fait le tour de la question et cela ne l'intéressait plus. Il allait profiter de cette occasion pour couper lui-même avec ce monde atroce de la dépendance.
Au même moment, Sanja partait également. Elle s'était faite toute belle, comme pour un jour de fête. Et d'une certaine manière, c'en était bien une. Marta, la femme de Sven, était arrivée à la demeure familiale de la campagne danoise. Elle préparait les chambres et tout particulièrement celle de sa fille chérie. Elle avait des peluches, des

habits et même les draps fétiches de Johanna afin de lui offrir un nid douillet, réconfortant et familier. Mais elle devait aussi s'occuper de l'arrivée de tout le monde. Elle était dans un état second, ne réalisant pas vraiment que sa fille, déclarée disparue et introuvable depuis un an allait dans quelques heures, arriver dans ses bras.

Chapitre VII

Pendant ce temps à Hambourg, Jan, Sven et Ziad arrivaient à l'hôpital. Sven prit les devants et demanda aux autres de le laisser faire. Il sortit sa carte de police en réclamant la sortie immédiate de Johanna et d'Elda, dans le cadre d'une protection de témoin. Évidemment, le médecin accepta pour Elda comme il avait été convenu mais s'opposa à la sortie de Johanna prétextant la nécessité médicale. Sven demanda de lui administrer ce qu'il fallait le temps du voyage en menaçant le médecin de l'arrêter pour entrave à la justice. Le médecin finit par consentir à lui faire signer une décharge déléguant toute responsabilité en cas d'incident et demanda aux infirmières d'aller chercher les patientes qui arrivèrent une heure plus tard en fauteuils roulants. Johanna était assoupie l'air détendu, comme si dans son brouillard elle se sentait en sécurité. Elda souriait timidement, l'air affaiblie mais elle semblait aller plutôt mieux grâce à une bonne nuit de sommeil profond. Restait à savoir à quel point son état psychique avait été atteint. Malgré la tension émotionnelle du moment, Sven continua son jeu de rôle et ordonna de les emmener. Une fois dehors, il se détendit, et se mit à pleurer à chaudes larmes tellement il était ému, heureux, inquiet.

- Tu es sûr ? Demanda t-il une ultime fois à Jan pour se rassurer. Jan sourit et répondit :
- Ne t'inquiète pas, allons-y.

Ziad pleurait aussi mais restait effacé ; comme s'il était coupable de tout ça. Il était très ému, lui aussi.

Jan, comme un grand frère, prit Elda dans ses bras et l'aida à s'asseoir dans sa voiture. Elle le regarda, elle voulait se jeter sur lui pour l'embrasser ou lui arracher les yeux, tant elle l'aimait.

- Je monte avec vous, je vais garer ma moto.
- Ok dit Jan.

Elda n'avait pas encore parlé, tout le monde était calme en apparence mais plein d'une émotion qui les transperçait telle des lances aux fers brûlants. Sven et Johanna étaient en voiture. Ziad avait garé sa moto et avait rejoint Jan et Elda. Toute l'équipe était prête pour partir vers Skovshoved à cinq heures de route de là. Ziad s'assit timidement à côté d'Elda à l'arrière, tandis que Jan pris le volant.

Les deux amoureux qui se retrouvaient étaient silencieux. Elda, qui revenait des enfers, voyait son frère et Ziad ensemble, tous les deux changés. Toutes ses idées et ses émotions tournaient dans sa tête alors qu'elle se sentait encore incapable de prononcer un mot. Sans plus attendre, les deux voitures démarrèrent et partirent. Elda posa sa tête sur les genoux tremblants de Ziad. Il voulait lui caresser les cheveux, lui dire combien il l'aimait, mais il n'osait pas.

Sanja, Hélène et Nabil arrivaient presque en même temps dans la maison de Marta et de Sven. Marta embrassa Sanja qu'elle ne connaissait pas, sans question, et lui indiqua une chambre. Puis, regardant Nabil, elle lui demanda :

- Je n'ai pas bien tout compris, c'est vous qui allez vous occuper de Johanna ?
- Bonjour Madame, oui je vais m'en occuper, ne vous inquiétez pas. Merci de votre confiance. Ne vous souciez pas de ma méthode. Je peux vous garantir que dans un mois elle sera sevrée. Dans deux, elle remangera et fera quelques mouvements de yoga, dans trois elle courra, dansera et mangera comme quatre. C'est ma mission. Je m'appelle Nabil et je vous promets que je n'échouerai pas.

Malgré une inquiétude visible, elle sourit et se sentit liée à lui dès cet instant.

- De toute façon, je n'ai pas de contrôle sur la situation, je fais confiance à Sven qui fait confiance à Jan qui m'a dit de vous faire confiance, alors je vous fais confiance !

Tous deux rigolèrent, et Marta emmena Nabil dans sa chambre.

- Où dormira votre fille ? S'inquiéta Nabil.
- Juste à côté, je vais vous montrer.
- Il faut que je sois dans la même pièce pendant le premier mois, sa vie est entre mes mains, je dois surveiller chaque seconde de son sevrage et ne jamais la laisser seule. Vous devrez être là aussi tous les deux avec son père tous les jours. L'attention et l'amour que nous cumulons pour elle et que nous lui transférerons à chaque instant sera la réussite de notre mission.
- Bien. Marta ne discuta pas.

- Je vais vous mettre un matelas par terre.
- Non, je veux juste un fauteuil posé près du lit, je m'assoupirai par épisode mais je dois garder un œil ouvert en permanence. Et je voudrais un meuble qui puisse fermer à clé dans une autre pièce qu'elle ignorera pour ranger mon matériel. Je resterai à côté d'elle le temps qu'il faudra. Je vous le répète, je suis venu pour une mission, je la réussirai.
- Entendu. Marta commençait vraiment à aimer ce jeune homme.

Nabil mesurait un mètre quatre-vingt-dix, était mince et élancé, la peau légèrement dorée, des yeux noisettes en amandes, rieurs et bienveillants, avec de longs cils. C'était un très bel homme plein d'empathie et toujours festif, parfois un peu trop. Mais là il était transcendé par son objectif et était concentré. Il commença à ranger son petit stock et matériel. Regarda la coke, avec une forte pulsion, mais sourit tout en roulant un petit joint d'herbe dont il avait plusieurs variétés selon les besoins. Il l'utilisait dans sa cure personnelle. Son joint prêt, il le reposa, rangea le tout dans le tiroir dédié à cet effet, se mit en tenue de sport et partit courir le long de la mer.

Dans l'attente de Jan, Sanja se posait mille questions sur leur avenir commun. Marta s'assit à côté d'elle :

- Bonjour Sanja, je suis Marta.
- Sanja.
- Nous ne nous connaissons pas et je ne sais pas trop ce qui se passe, mais il me semble que nous sommes liées d'une façon ou d'une autre dans cette histoire. Mon mari revient avec ma fille qu'on croyait morte. Elle est très malade apparemment. Marta se mit à pleurer et continua :
- Je ne sais pas comment réagir, j'en suis si bouleversée, j'en tremble....

Sanja se redressa sur son fauteuil et regarda Marta sans savoir quoi lui dire puis se risqua à parler :

- Je ne sais pas exactement ce qui se passe, je savais pas pour votre fille. Mais elle revient à la vie, n'est-ce pas formidable ? Ce que je comprends, c'est que nous allons devoir rester ensemble ici un certain temps, pour certaines raisons que j'ignore encore. N'ayez pas peur. Nous allons affronter ce qui nous arrive.

Vous n'êtes pas seule.

Marta prit Sanja dans ses bras, même si elles ne se connaissaient pas, elles sentaient la chaleur réconfortante d'un espoir commun qui n'était plus qu' à deux heures de route. L'équipe qui venait de vivre des heures invraisemblables roulait tranquillement. Elda avait toujours la tête sur les genoux de Ziad. Elle n'avait pas encore ouvert la bouche. Il la croyait endormie et demanda à Jan :

- Qu'est-ce qu'on va faire maintenant ?
- Je ne sais pas, Ulrick va nous rechercher et va vouloir se venger. Quand je pense que j'ai milité pour lui ! Quel fils de pute ! Faut que je me débarrasse de ce tatouage.
- Et si on finissait le travail commencé, mon frère ?
- Comment ça ? Tu veux qu'on fasse quoi ?
- On extermine cette vermine pour de bon....

Jan ne répondit pas de suite, puis rigola et continua :

- L'idée me plaît, mais on n'est pas en guerre et on ne peut pas tuer qui on veut même si ça serait vraiment la meilleure chose à faire… tu veux finir au trou ?
- Et toi ? Tu veux te cacher combien de temps ? Tu veux qu'il continue à faire ce que tu as vu ?
- Putain Ziad, bordel, ferme ta gueule maintenant, s'il te plait.

Tout était confus dans la tête de Jan. Il n'en parlait pas mais il avait arrêté plusieurs mois de consommation intense d'alcool et de cocaïne. Il avait mal à la tête et s'il n'y avait pas le bonheur d'avoir retrouvé Elda, il exploserait, il casserait tout autour de lui. Il maintint le volant avec ses genoux, sortit une tête de shivaskunk bien compacte et la roula dans une petite feuille. Pendant qu'il ouvrait la fenêtre et qu'il allumait sa clope, il entendit comme une petite voix d'enfant : « *si Jan, on est en guerre, on finit le travail, je veux la tête du responsable de tout ça* ».

- Elda... Ziad sursauta à son réveil.
- Je t'aime tellement Ziad, merci les gars de m'avoir sortie de là. Elle se redressa et s'assit droite à côté de Ziad, donne-moi cette clope dit-elle à Jan.
- J'ai mal à la tête et partout avec toutes les merdes qu'on m'a filées.

Elle tira deux grosses bouffées de cette substance lourde et crémeuse et la passa à Ziad.

La fatigue, les émotions, la douleur ajoutées à la fumée épaisse de l'herbe les transportèrent dans un fou rire débridé et oh combien salvateur. Ziad craqua et pleura dans la foulée.

- On a tellement de choses à se dire tous les trois. Depuis trois ans tout est parti en sucette.
- On aura le temps de discuter de tout ça, mais sache Ziad que tu es mon frère plus que jamais. Et toi Elda, ma sœur, ta parole a toujours été d'or. On va dans la maison, on se repose, on fait un plan et on agit pour élimer ce fumier. La priorité reste la remise en forme de Johanna et de toi même.

Le silence reprit ses droits. Ils n'étaient plus qu'à une heure de Skovshoved. Pendant ce temps, Sven suivait seul, avec Johanna allongée derrière. Il n'avait pas arrêté de parler à sa fille. Il lui parlait de tout, de rien, il réalisait enfin que sa fille était revenue. Il lui promettait sans cesse qu'elle irait mieux très vite. Johanna dormait mais avait le visage apaisé, ses cheveux blonds tombaient sur son visage laissant entrevoir la quiétude que lui apportait la voix de son père. Elle savait qu'elle était sauvée, que plus jamais elle ne revivrait ce qu'elle avait vécu un an durant.

Les deux voitures s'arrêtèrent devant une belle maison. Marta s'empressa d'ouvrir le portail, où les deux voitures s'engouffrèrent. Elle referma derrière eux.

Sanja, et Nabil accoururent, et s'arrêtèrent à quelques mètres de la voiture car Marta venait de tomber à genoux, elle pleurait devant sa fille encore allongée dans la voiture. Sven l'aida à se relever et la rassura en l'étreignant fermement et tendrement à la fois :

- Tout va bien, elle est revenue.
- Mon bébé ! Dit Marta, la voix tremblante,
- Mon bébé, tu es là, mais qu'est-ce qu'ils t'ont fait ?

Sven pris Johanna dans ses bras,

- Allons l'allonger, où est sa chambre ?

Nabil intervint et commença sa mission sur le champ.

– Suivez-moi, je vais vous montrer.

Et ils partirent l'installer avec Marta. Sanja sauta au cou de Jan qui l'embrassa passionnément. Elle était contente et sentait quelque chose de fort, de viril chez son homme qu'elle ne connaissait pas encore chez lui mais qui lui plut énormément.

Ziad aida Elda à sortir de la voiture. Elle sourit :

– Salut Sanja , bonjour Maman.

Hélène souriait également et s'approcha de sa fille.

– Ma chérie ! Et elle la prit dans ses bras en la couvrant de baisers.

Sanja souriait en permanence, c'est ce qui avait charmé Jan. Hélène les guida vers leurs chambres. Elda reprenait des couleurs. Elle exprima gentiment le souhait d'être seule avec Ziad. Jan embrassa sa sœur sur le front et laissa les amoureux ensemble.

Elda et Ziad s'assirent sur le lit de la chambre qui leur avait été attribuée.

– Comment tu te sens ?

– J'ai mal partout, j'aimerais que tu roules un peu d'herbe que Jan avait dans la voiture, j'aimerais aussi deux aspirines et une cafetière pleine. Et prendre une bonne douche chaude...et...

Ziad l'embrassa délicatement sur la bouche et tenta de la rassurer :

– je sais ce qu'ils t'ont fait, je t'ai vue , là-bas, et tout le mal qu'ils t'ont fait je le soignerai, tout ce qu'ils ont cassé je le réparerai, on reparlera de mes conneries mais Elda, je t'aime et je veux être avec toi.

– Tout s'est passé si vite, j'étais en colère, je suis sortie et je me suis retrouvée prisonnière du diable. Il m'a violée, il m'a vendue, ils m'ont violée encore...

Sa voix se mit à chavirer alors qu'elle prononçait ces mots, puis se reprit :

– Qui est l'autre fille que vous avez ramenée ?

Elda ne put s'empêcher de penser au nombre de filles, d' hommes ou d'enfants qui avaient vécu la même chose.

Combien sur terre étaient aux mains de démons semblables.

– C'est Johanna, la fille de Sven.

– Et qui est Sven ?

Tous deux rigolèrent, ils étaient encore sous le choc.

- Nous te raconterons toute l'histoire après ta douche si tu veux. Ta mère t'a ramené des affaires, tu pourras te changer.
- Ziad, tu es revenu pour me sauver ?
- Non, je suis revenu pour t'aimer.

Elda chercha de quoi s'habiller car elle était toujours en tenue d'hôpital. Ziad alla faire couler du café et prendre un peu d'herbe à Jan. Il revint dans la chambre où Elda était nue devant la glace.

Il put voir les marques de maltraitance sur sa peau. Elle ne bougea pas à la vue de son compagnon. Elle avait peur qu'il ne veuille plus d'elle à présent mais Ziad le ressentit et tout en allumant sa clope de skunk il lui dit :

- Tiens, normalement je ne te conseille pas de fumer, mais là, c'est bon pour ce que t'as.

Et il rajouta :

- Tu es magnifique, tu es la plus belle femme que j'ai vue de toute ma vie. Je ne veux plus jamais te quitter comme je l'ai fait.
- C'est pas de ta faute Ziad, je t'en veux pas. Mais toi, tu voudras encore de moi ?

Il rigola et ne prit même pas la peine de répondre et la prit dans ses bras.

- Viens avec moi sous la douche s'il te plaît, j'ai besoin de te sentir contre moi.

Ziad se déshabilla et ouvrit l'eau chaude. Le jet puissant sur le dos d'Elda, l'effet relaxant de la marijuana et les bras forts et protecteurs de Ziad finirent par la détendre. Elle posa sa tête contre son torse. Dans les bras l'un de l'autre et dans un silence harmonieux, ils restèrent de longues minutes ainsi.

Jan et Sanja étaient dans le jardin, sur des chaises longues, et rigolaient. Jan fumait beaucoup et savait qu'il aurait mal quelques jours mais n'avait pas envie de poudre. Il était marqué à vie par cet épisode et plaçait la drogue comme un des éléments indéniablement responsables de tout le mal qui traversait leur vie.

Marta, Sven et Nabil étaient quant à eux, dans la chambre de Johanna, assis autour d'elle lorsqu'elle commença à s'agiter.

- On est là, dit Marta.

Nabil leur demanda de les laisser un peu maintenant pour pouvoir s'occuper de son état de santé. Johanna commençait déjà à éprouver le manque.

Nabil lui adressa quelques mots :

- Tu es magnifique princesse, je m'appelle Nabil, et je vais te soigner. Chaque jour, chaque seconde, jusqu'à ton rétablissement total. C'est mon travail, je suis là pour ça, il faudra me faire confiance.

Johanna s'agitait de plus en plus. Ziad prépara une seringue avec le produit et la dose adéquate. Lorsqu'il prit le bras de Johanna pour chercher la veine, elle prononça son prénom : Nabil.... C'était son premier mot depuis un an. Quelque chose se passait entre eux. Une énergie douce et puissante les enveloppait. Johanna était entre les mains de son ange gardien et elle le savait. Nabil la piqua délicatement sur une veine du pied au vu de l'état meurtri des autres veines. Il avait peur des infections, et dès que Johanna s'assoupirait à nouveau, il contacterait l'hôpital où elle avait échoué pour des conseils sur les antibiotiques à choisir et obtenir une ordonnance par fax. C'est ce qu'il fit ainsi qu'obtenir ses résultats de laboratoire pour les maladies sexuellement transmises. Miraculeusement, il n'y avait rien. Il rejoignit ensuite Marta, Sven, Sanja, Jan et Hélène qui étaient arrivés entre temps dans le jardin pour le café. Ziad et Elda arrivèrent à leur tour. Hélène se leva et prit sa fille dans ses bras. Jan pris la parole :

- il va falloir qu'on parle tous. On ne se connaît pas ou alors très peu alors il me semble nécessaire d'expliquer ce qui s'est passé. Il va falloir accepter l'idée que nous sommes coincés là pour le moment. Nous sommes tous en danger, nous devons rester ensemble.

Sven, Ziad et Jan racontèrent chacun les trois jours qu'ils venaient de vivre. Chacun écoutait et comprenait l'enjeu de la situation. Sven demanda à tous de donner leur téléphone dont il retira et détruisit les cartes puces par crainte d'être localisé.

Jan expliqua que Marta, Sven et Nabil avaient pour mission le rétablissement de Johanna. Hélène et Marta avaient la gestion de la maison.

Jan, Ziad, Sven et Elda devaient réfléchir tout en reprenant des forces, à l'organisation de leur avenir proche face à la menace et aux lourdes décisions à prendre.

Tout le monde avait pris conscience du danger mais avant ça, c'était le lien qui les unissait qui était le sentiment dominant. Ils étaient réunis et voyaient tous en l'autre un sauveur. Marta et Hélène acceptèrent leur mission de la logistique de la maison.

Elles comprenaient que c'était leur rôle et leur place dans ce microcosme naissant. Elles étaient dépassées par la situation et leur amour maternel serait la première pierre posée dans ce nouveau clan.
Marta fila préparer une bonne soupe de légumes avec un peu de riz, commandé par Nabil, pour Johanna. Il comptait la faire manger avant la nuit. Le premier plan établi était la remise en forme de chacun, où le sport, la nutrition le sommeil et l'amour allaient être leur essence.
Personne ne pouvait travailler, personne ne pouvait retourner a Malmö pour l'instant. La seconde mission serait le problème Ulrick. La première journée dans la demeure danoise se passa entre rires, silences, questions sans réponses et autour de la bonne soupe de Marta. Son mari et elle remerciaient le ciel mais surtout le courage de Jan et de Ziad qui ne s'étaient toujours pas rendu compte qu'ils avaient sauvé la vie de nombreuses personnes et qu'ils avaient retrouvé Johanna. Sven voyait en eux deux anges guerriers à qui il lierait son destin à jamais. Elda était assise emmitouflée dans une couverture contre sa mère sur le grand canapé.

- Ma chérie, ton père serait fier de toi. Ta force et ton amour ont réuni ceux que tu aimes. Je vois, mon bébé, que ta souffrance était nécessaire, tu le savais au fond de toi. Tu t'es sacrifiée par amour et tu as gagné... tu as gagné, Elda. Tes blessures ne partiront sans doute jamais, mais elles sont la preuve vivante que ton amour et ta force sont plus forts que tous ces démons.

Tout le monde l'écoutait en silence. Elle continua :

- Si la vie nous a réunis ici, avec ces épreuves, il doit y avoir une raison, trouvez-la mes enfants...

Elda ne dit rien, personne ne parla d'ailleurs. Mais chacun avait compris le message. Nabil, qui surveillait Johanna comme la prunelle de ses yeux, estima que c'était le moment avant de dormir de la faire manger. Ici pas d'intraveineuse ni de solution de nutrition. Marta prit un bol de soupe chaude, Sven un verre d'eau et tout intimidés, ils suivirent Nabil qui ne manqua pas de les prévenir :

- Je vais lui faire une injection de cocaïne avec un petit peu d'héroïne pour la réveiller sans trop choquer le corps. On ne peut pas prédire sa réaction mais n'ayez pas peur, venez avec juste votre amour, laissez tout le reste dehors.

Nabil prépara sa petite mixture, et avant de lui injecter, il la regarda intensément et lui parla :

- Je suis désolé princesse, faut qu'on passe par là, tu vas te réveiller doucement, tes parents sont là. N'aie pas peur je suis avec toi.

Et il laissa pénétrer le produit tout en douceur. Johanna eut quelques spasmes avant d'ouvrir les yeux à moitié puis, sous l'effet des drogues, ses muscles finirent par se détendre. Elle regardait autour d'elle jusqu'à ce que son regard tombe sur ses parents :

- Bonjour, balbutia t-elle.
- Je sais que vous êtes là depuis que j'ai entendu la voix de Papa.
- Mon bébé tu es là ! Tu es là pour de vrai ! Nabil va te soigner, tout ira bien. On est si heureux. Et Marta pleura à nouveaux à chaudes larmes tout en serrant la main de sa fille.

Elle donna son bol de soupe à sa fille qui voulut rassurer ses parents :

- Je sais ce qui se passe depuis un an, je sais ce qu'ils m'ont fait. Je sais qui ils sont...
- Mange chérie, dit doucement Sven.
- On verra tout ça plus tard. Mais Johanna continua :
- J'étais la première fille arrivée au Neptune, j'ai entendu beaucoup de choses, des noms, des lieux..

Nabil reprit le contrôle de la situation et aida Johanna à manger.

- Prends ça, un calmant et un somnifère, tu vas te rendormir et je resterai à côté de toi, je serai là lorsque tu auras une crise de manque.

Marta et Sven sortirent de la chambre difficilement et se décidèrent à aller dormir également. Nabil lui, fit fumer à Johanna un joint de hachisch puissant originaire d'Inde, et cela contribua avec les pilules à la détendre et l'aida à retomber dans le sommeil. Nabil lui parlait doucement :

- On va se battre, ça va faire mal, on va virer tout ce poison de ton corps et je te préviens c'est douloureux... mais tu vas réussir.

Johanna qui ne connaissait pas cet homme se sentait en harmonie avec lui. Elle ne répondit pas mais au fond d'elle, elle sentait la pulsion de vie s'animer d'une énergie puissante. Elle s'endormit.

Tout le monde alla se coucher maintenant. Ziad se demandait s'il devait dormir avec Elda lorsqu'elle lui exprima l'envie d'être avec lui. Ils allèrent au lit ensemble, ils étaient quelque peu mal à l'aise mais, dans leur for intérieur, profondément heureux.

Jan et Sanja allèrent dormir. Jan alla emprunter un petit somnifère à Nabil qui lui donna en rigola :

- Toi aussi t'as mal aux cheveux ? prends ça tu dormiras bien.
- Merci docteur, répondit Jan en souriant mais épuisé. Et il alla se coucher avec sa chère Sanja.

Tous s'endormirent le cœur lourd mais pourtant conscients du lien qui les rassemblait tous. Un voile bleuté, chaud et doux qui les enveloppait et les protégeait. La vie des uns dépendait de la vie des autres dorénavant.

Le lendemain et les jours suivants furent consacrés à une remise en forme générale. Marta et Hélène s'occupaient des repas. Elda, Ziad, Jan, Sanja et Nabil faisaient chaque matin une heure de course à pied sur le bord de la mer, puis s'entraînaient aux arts martiaux divers qu'ils maîtrisaient, initiant Elda, Sanja, Nabil et Johanna. Sven, de par sa formation policière, apportait sa pierre à l'édifice. Puis, ils finissaient par du yoga pendant encore une heure. Nabil continuait son travail avec Johanna. Chacun se remettait en cause, discutait avec les autres, essayant de mettre bout à bout tout ce qui les avaient amenés à se séparer, à se perdre eux-mêmes et tout ce qu'ils aimaient.

Ziad n'était pas un fanatique, il avait sa foi personnelle mais loin des préceptes datant d'un autre temps. Il s'était laissé aguicher par de nouveaux amis au moment même où Jan commençait à dérailler sur les Arabes suite à l'agression de Sanja en pleine journée. Ils lui avaient tailladé une jambe au cutter juste parce qu'elle portait un short court. Tout cela avait commencé quand Ziad et Jan s'étaient mis à sortir beaucoup, enchaînant les cocktails de psychotropes. C'est de là que tout le malheur était venu.

Comment vivre et comprendre ce qui se passe autour de nous, surtout en période trouble, si on s'explose la tête ? Comment ressentir l'autre en s'enfermant dans une bulle de drogue ? Entre montées et descentes, la drogue dévore toute l'énergie vitale. Comment voir que Jan était blessé et qu'il avait besoin de réconfort ? Comment sentir que Ziad s'isolait de plus en plus en étant manipulé quand on pense à dormir ou à boire ou à sniffer encore plus ? Comment avaient-ils pu laisser Elda seule, fragilisée par toute cette situation, sans sentir son désarroi. La drogue était venue embrouiller leurs idées dans leur petites têtes, elle avait semé la mort dans leurs cœurs de jeunes gens sains et pleins de vie.

Elda s'était inconsciemment jetée dans la gueule du loup, car elle n'avait plus de ressources à disposition pour lutter. Mais l'amour qu'elle avait suscité avait finalement gagné.

Chapitre VIII

Un mois s'était écoulé, Johanna se levait chaque matin pour faire un peu de yoga avec les autres. Nabil l'avait sevrée de l'héroïne et ne lui donnait plus de cocaïne. Elle fumait encore de l'herbe et du haschisch pour les douleurs et le manque. Quelques calmants, des somnifères la nuit. Elle faisait de l'exercice et mangeait un peu. Elle était encore faible mais elle était motivée et cela la faisait avancer. Marta et Sven retrouvaient leur fille, et étaient aux anges. Chaque seconde était un bonheur. Johanna ne pouvait que guérir et vite. Nabil la surveillait à chaque instant. Les autres aussi.
Un soir Jan demanda à tout le monde de se réunir. Chacun vint s'installer dans le grand salon du « manoir », c'est comme ça qu'ils surnommaient la grande maison où ils vivaient dorénavant.
Jan pris la parole, tout le monde l'écoutait attentivement :

– Il est temps d'envisager notre avenir proche. Qu'allons-nous faire ? Nous avons beaucoup d'argent, pas besoin de travailler. Il y a deux millions d'euros qui doivent appartenir à Ulrick, et encore trente-cinq mille qui restent de Mirmo, moins les dix milles pour Nabil... Nabil le coupa :
– Je ne veux rien, je ne veux pas être payé pour ça. Et je veux vous aider encore.

Jan continua :

– Nous sommes sûrement recherchés par les hommes d' Ulrick. Notre vie est en danger.

Nabil le coupa à nouveau :

– Moi je reste avec Johanna.

Elle lui serra la main fortement comme pour lui dire qu'elle avait besoin de sa présence. De ses yeux bleus, Johanna regardait l'assemblée et s'exprima :

– Merci Papa, merci Maman, merci Jan et Sanja, merci Ziad et Elda, merci Hélène, et merci Nabil.

Elle s'adressa directement à Nabil :

– Tu es mon ange gardien, quand j'ai entendu ta voix la première fois, je savais que j'allais vivre. Je veux être avec toi moi aussi.

Un silence entoura les jeunes amoureux. Effectivement, tout le monde avait senti que le courant passait parfaitement entre eux deux. Nabil avait arrêté les drogues dures, même occasionnellement, et ses yeux respiraient l'envie de vivre. Ce regard, on le retrouvait chez chacun des locataires du manoir. Johanna fondait à chaque fois que son regard croisait celui de Nabil. Elle était aussi grande que lui mais ses yeux bleu clair contrastaient avec les yeux noisette de Nabil. Elle avait de longs cheveux blonds et était mince comme lui. Ils s'accordaient à merveille. Une belle histoire d'amour était en train de naître.

Marta s'exprima a son tour :

- Ici nous sommes tous en sécurité, et vous êtes ici chez vous. Nous ne nous connaissons pas depuis longtemps, mais vous êtes ma famille à présent. Dès que tout cela sera réglé, avec Sven, nous avons décidé de mettre cette maison à tous nos noms. Elle sera la propriété de chacun d'entre nous, à parts égales. Je vous aime, c'est tout. Sans vous, notre vie était vide. Vide de notre Johanna. Vide de tous projets, vide d'espérance, vide, vide, vide.... Alors mes amis, quoique vous décidiez, Sven et moi sommes avec vous et pour toujours.

Sven acquiesça. L'énergie autour d'eux grandissait et se consolidait chaque jour un peu plus. Mais vers où cela les mènerait tous ?

Ziad prit la parole :

- Johanna et Elda sont sevrées... Jan le coupa en rigolant :
- Moi aussi !

Ils rigolèrent, et Ziad continua :

- Maintenant on doit continuer notre remise en forme, et penser au moyen de se débarrasser du problème Ulrick. Je vous propose que nous prenions un mois supplémentaire pour réfléchir à la question : quoi et comment faire pour nous débarrasser de cette menace. Dans un mois, jour pour jour, je vous donne rendez-vous ici à la même heure et nous aviserons.

Chacun fut d'accord avec cette proposition. Hélène, qui était volontairement effacée depuis le début de l'aventure, souhaita s'exprimer aussi :

- Merci Marta, merci Sven pour votre accueil. XXXXX Mes enfants, faites ce qui vous semble le plus juste, ou faites juste ce qu'il faut faire. Je ne jugeraipas vos choix, je vous suivrai. La voie pour sortir de cette impasse est en vous. Plus rien ne sera jamais pareil dans nos vies. Il va falloir réinventer notre avenir. Tout ce que je sais c'est qu'il faut rétablir l'équilibre pour réparer ce qui a été cassé. Ce qui se passe dans cette maison depuis plus d'un mois n'est pas un hasard. A vous de voir ce qu'il faut faire. Vous n'êtes malheureusement plus des enfants après toute cette aventure. Et si Marta et Sven nous acceptent dans leurs cœurs, je vais installer mon atelier ici, je peindrai pour vous, c'est ma prière à moi. Avec mes peintures, j'espère contribuer à cette association naissante.

Tout le monde se taisait, et savait qu'il y avait une décision à prendre. La nuit porterait conseil.

Effectivement, le lendemain matin, Ziad et Jan prirent l'entraînement quotidien en main. Johanna se joignit à eux pour la totalité des exercices. Une heure de jogging, une heure de techniques martiales et une heure de yoga. Chaque matin, durant le mois qui suivit, sauf Marta et Hélène qui avaient leurs propres occupations au service des autres, chacun s'entraîna durement et avec ferveur. Malgré les douleurs mentales et physiques, tous mettaient tout leur cœur dans leur entraînement. Avec en tête, tous la même question, comment régler le problème Ulrick. Elda était redevenue resplendissante, ses cheveux châtains et ses yeux aux milles couleurs avaient repris tout leur éclat.

Johanna également, était miraculeusement en pleine forme. La synergie entre eux était telle, qu'il s'en dégageait une énergie puissante et bienfaisante qui les unissait au delà de leur propre conscience et qui était en train de guérir leurs blessures. Johanna et Nabil étaient officiellement amoureux. Ils partageaient la même chambre avec le consentement de Sven et Marta mais elle n'était pas encore prête à être touchée par un homme, même pas par Nabil. Il savait que ça prendrait du temps mais il acceptait tout. Il ne voulait plus quitter Johanna. Ils s'étaient rencontrés tous les deux, et ce qu'ils venaient de partager était sans nom. Ils étaient liés dorénavant pour toujours.

Jan avait retrouvé son sourire et son calme. En ce jour d'automne typiquement danois où le soleil timide pointe son nez dans le jardin, Janet Ziad venaient de terminer une session intensive de combat au sol avant de s'allonger dans les chaises longues du jardin. Il faisait un peu froid mais nos deux gaillards avaient chaud. Ils transpiraient et reprenaient leur souffle quand Ziad se confia à Jan :

- Tu sais Jan, je n'ai jamais été vraiment religieux. J'ai ma spiritualité mais personnelle, je n'ai jamais suivi aveuglement qui que ce soit. Je me suis éloigné de toi car je me sentais mal et après l'agression de Sanja, j'ai mis encore plus de distance entre nous, je sais. J'ai été là où on voulait de moi. Tu sais mon frère, si je suis parti, c'est un peu à cause de ton père, de son modèle…. Il était un peu mon père aussi, j'en ai jamais eu d'autre, je l'aimais énormément. Je suis parti parce que je voulais changer le monde, comme lui, en aidant les autres. Il disait tout le temps : *« un humain, un frère »*.
- Moi aussi je dois m'excuser, Ziad. Moi aussi je me suis senti perdu quand il est mort. Je t'ai tourné le dos, j'ai tourné le dos à ma mère et à ma sœur. Pourquoi ? Pour la drogue et pour cet enculé d'Ulrick. Mais plus jamais je te laisserai Ziad, surtout si tu as besoin de moi. Plus jamais. Tu es mon frère, mon vrai frère. Ma sœur t'aime, c'est un peu incestueux tout ça non ?

Ils rigolèrent tous les deux. Ça leur faisait du bien de vider leur sac. Et il n'en fallut pas plus pour réparer ce qui avait été cassé. Sam était souvent absent lorsqu'il partait à l'étranger avec *Médecins du monde*, mais il était toujours présent dans l'esprit de sa famille. Il était bon, il était fort et intelligent, c'était un leader incontestable qui œuvrait pour un monde meilleur chaque jour avec passion. Lors de sa disparition, toute la famille a perdu son maitre à penser, son modèle qui les guidait, qui les inspirait. Chacun s'est réfugié là où il pouvait. Elda, dans la psychanalyse, Ziad dans sa communauté religieuse, Jan avec les néo-nazis et Hélène dans la peinture. Mais aujourd'hui, chacun avait retrouvé sa place. Quand Elda s'était jetée dans le vide, ils auraient pu la perdre à tout jamais mais ils l'ont cherchée, ils l'ont retrouvée et ils l'ont sauvée. Ils avaient fait le bon choix et ils bénissaient ce moment de crise qui les avait heureusement ramenés ensemble et immédiatement réconciliés. Maintenant ils devaient faire à nouveau un choix important. Le mois de réflexion dont ils avaient convenu étant arrivé à son terme, ils devaient tous se réunir ce soir dans le salon du manoir afin de s'entendre sur l'action à mener. Marta avait préparé le dîner, le feu dans la cheminée brûlait de vives flammes, et chacun vint s'asseoir à table avec à l'esprit la réponse à la question qu'il fallait maintenant régler.

Tous prirent leur place à table, sans mot dire. Marta amena un énorme rôti de bœuf, des haricots verts et une purée maison.

- Que ça sent bon ! S'exclama Hélène, enjouée et positive comme à son habitude.
- Merci, je suis sûre que ça va être bon ! Répondit Marta tout sourire.

Les visages étaient crispés et Jan posa la question redoutée :

- Alors, il est temps. Qu'est-ce que vous avez décidé ?

Elda répondit en premier :

- Il doit disparaître, il n'a pas sa place parmi les vivants.

Johanna enchaîna :

- Il doit mourir, c'est un monstre. On n'a pas le droit de le laisser continuer à agir et comme il laisse le sale travail à faire à d'autres, lui s'en tirera toujours, il ne sera jamais condamné.

Nabil continua :

- Aucun d'entre nous ici n'est un tueur né, mais la vie nous a réunis dans des conditions terribles et nous sommes tous menacés par un même ennemni. Nous devons agir, je dis « nous » car à partir de maintenant ce qui concerne Johanna me concerne...

Jan proposa de voter à main levée :

- Qui est pour son élimination définitive ?

Les unes après les autres, les mains se levèrent à l'unanimité, même Marta et Hélène. Sven ajouta :

- Avec de bons avocats et de faux alibis, il s'en sortirait sans aucun doute. Il faut l'éliminer. Je suis prêt à lui mettre une balle dans la tête, ce qui serait minime comparé à ce qu'il a fait à Johanna et à des dizaines de filles... Combien d'entre elles sont mortes ?

Jan acquiesça,

- On est d'accord, j'espère que chacun est prêt à vivre avec cette idée.

Nabil qui écoutait sans rien dire jusqu 'à présent dévoila le plan qu'il avait élaboré :

- Nous ne pouvons nous mettre davantage en danger. Il n'y a pas de place pour les justiciers dans notre société. Hormis en prison ou à la morgue. Mais il est évident que nous allons empêcher cet enfoiré de continuer son manège macabre. Je suggère que Johanna l'approche et lui verse une petite fiole de L.S.D liquide pure. Il va devenir fou et finira sa vie dans les ténèbres de son âme. Hanté jusqu'à la mort par les âmes qu'il a volées. Une mort directe et franche serait trop bon pour lui.

Marta avait peur pour sa fille mais Johanna s'empressa d'intervenir et elle rassura tout le monde :

- Je revis grâce à vous tous. Pour finir de guérir mes blessures, j'ai besoin d'agir contre cette sous-merde. Avec ce qu'on m'a fait pendant un an, une longue année de supplices quotidiens, j'ai besoin, plus que n'importe qui, de voir ce type réduit à néant.

Ziad, Elda, Sven et Ziad se regardèrent. Sanja dit :

- Je l'accompagnerai. Il ne me connait pas, je veillerai sur elle.

Sven, dont l'inquiétude était visible, accepta à la seule condition d'être à proximité des filles en permanence. Ce à quoi Jan ajouta :

- Tout le monde me connaît autour de lui, Ziad et Nabil ne pourraient pas entrer où que ce soit en sa présence. Il n'aime pas les gens typés méditerranéens. C'est vrai qu'il n'y a que toi Sven qui pourrais les protéger en cas de problème. Elda, tu es la dernière fille dont il a eu connaissance, il doit se rappeler encore de toi. Donc moi je suis OK pour laisser Johanna et Sanja lui refiler le truc avec Sven dans les parages. Ça va être risqué, il est parano mais a-t-on le choix ? Il faut réfléchir à la façon de l'approcher et il faut mettre au point un plan d'action impeccable. Mangeons maintenant.

Sanja était toute excitée à l'idée de rendre justice. Elle se sentait concernée en tant que femme. Elle voyait au travers de la terrible aventure d'Elda et de Johanna toute l'horreur ce réseau mis en place par une poignée de personnes plus diaboliques que le diable lui-même.

Pendant que tout le monde mangeait absorbé par le projet, Jan prit l'initiative :

- OK, voilà ce qu'on va faire. Dans un mois, le parti prononce ses vœux de fin d'année aux membres lors d'une soirée ouverte au public. Ulrick fait son discours aux nouveaux membres et ensuite il y a un buffet ouvert à tous. Johanna et Sanja, vous vous ferez belles, tenues de soirées, vous vous débrouillez pour verser le LSD dans son verre, vous vous assurez qu'il boive son verre en entier. Sven sera dans la foule, pas loin. Dès qu'il a bu, vous prétextez l'envie d'aller aux toilettes, et vous sortez. Sven, quand tu les vois sortir, tu sors dans la foulée. Nabil, Ziad et moi, nous serons dans une voiture de location et nous vous attendrons. Dès que vous arrivez on prend le pont Oresund, direction le Manoir.

Aucun commentaire sur la proposition de Jan, ce qui semblait vouloir dire que tous étaient d'accord.

Johanna prit ses longs cheveux blonds dans ses mains, les tirant en arrière, avec un élastique pris à son poignet et se fit une queue de cheval très tirée en arrière, ce qui découvrait tout son beau visage et toute sa détermination froide :

- J'ai hâte de le rencontrer lâcha-t-elle, les yeux dans le vide. Chacun la regarda comme si c'était vraiment la première fois qu'ils la voyaient ainsi depuis son retour.

Sven ne reconnut pas cette lueur dans les yeux de Johanna. Cet air calme, serein, déterminé et qui faisait un peu peur. Mais Sven savait qu'après une année passée dans la maltraitance la plus extrême, elle ne pouvait pas en revenir indemne. Mais il pensa aussi qu'elle avait gardé sa beauté, sa raison et sa gentillesse. Elle n'était pas malade et avait retrouvé son physique d'avant. Elle était comme avant mis à part cette lueur...

Il répondit à sa fille :

- Moi aussi Johanna, j'ai bien hâte de lui régler son compte.

Ziad s'adressa à l'assemblée, avec un air inquiet :

- Vous avez conscience de ce que nous faisons ? Parce que éclater la tête de quelques mecs pour récupérer Elda, ça s'est fait sans réfléchir, et ça allait de soi. Mais préméditer un meurtre en groupe c'est une autre histoire.

Nabil le coupa :

- Il ne mourra pas, il deviendra fou, hanté par ses démons jusqu'à son dernier souffle...

Elda qui écoutait et qui observait, posa un regard compréhensif sur chacun et s'exprima :

- Combien même sa tête exploserait, on s'en fout. Il ne sera pas arrêté, il ne sera pas jugé, alors oui on prévoit d'éliminer une personne extrêmement nocive pour la vie, oui, c'est une forme de justice radicale que je n'aurais jamais approuvé avant cette histoire. Mais nous sommes moralement obligés de prendre ce chemin parallèle. Nous ne sommes plus de simples citoyens, nous sommes en mission pour débarrasser la société de cet individu ignoble...

Marta et Hélène se regardèrent, et Hélène prit la parole :

- Préparez votre mission au mieux. Faites le job, moi je suis d'accord mais revenez tous indemnes... j'ai fait un drôle de rêve hier, ça m'a inspiré un tableau étrange...

Elle alla le chercher et elle le mit sur une chaise a proximité de la table afin que chacun puisse le regarder. Pendant qu'ils regardaient attentivement les formes et les couleurs de la toile, Hélène dit d'une voix douce, s'adressant à Elda mais aussi à l'assemblée :

- Tu sais Elda, ton père disait toujours avec colère quand il revenait de ses missions en Orient : « *pourquoi on ne descend pas le type qui fait tout ce mal, pourquoi ? Je ne comprends pas. Les gouvernements négocient toujours dans leurs propres intérêts... si je savais comment faire je le ferais moi-même dans l'intérêt de tous* ». Voilà Elda ce que ton père pensait parfois, et je suis sûre qu'il approuverait votre décision. Vous savez quoi faire et à qui le faire. Alors allez-y... Puis elle conclut :
- Ce type est fou, vraiment fou et dangereux. Il n'a aucune conscience humaine, alors, une dose élevée de LSD ne lui enlèvera pas sa folie mais, au moins, ça le rendra inoffensif et il finira dans une maison spécialisée pour les psychopathes.

Ce discours inattendu dans la bouche d'Hélène, laissa pantoise l'assemblée.

- Et le tableau là-dedans Maman ? Demanda Jan, un peu hébété.
- Oh le tableau ! Pardon je l'ai mis à l'envers, c'est juste le beau bouquet de fleurs que m'a ramené Marta hier du marché et que j'ai peint parce que je ne savais pas quoi faire hier. Il est beau n'est-ce pas ? Elle se mit à rire et continua :

- C'était juste pour avoir l'attention de chacun, je compte sur vous pour faire un bon travail. Elle reprit son tableau sous le bras et le remporta dans sa chambre.

Nabil souriait, il aimait le discours. L'atmosphère était plus légère et comme pour confirmer son accord avec tout ce qui allait se passer, Marta conclut

- Vous faites une très belle équipe, je suis fière de nous tous, nous avons surmonté une belle épreuve ensemble, il est évident que cela n'est pas fini, et je suis avec vous jusqu'au bout du chemin. C'est plus qu'une équipe. C'est une alliance sacrée qu'il y a entre nous et que je bénis de tout mon cœur.
- Une alliance entre frères. Rajouta Ziad en regardant Sven, Nabil et Jan.
- L'Alliance Fraternelle dit Elda.

L'alliance Fraternelle était née mais ils ne le savaient pas encore. Le repas se termina entre rires et anecdotes diverses. Ils avaient l'impression de se connaître depuis toujours. Ils se donnèrent un mois pour se préparer.

- Au fait Nabil, ça fait quoi du LSD liquide ? Demanda Ziad.
- Ah mon cher ami, c'est le meilleur LSD du monde, une goutte de ce produit t'envoie en enfer pendant plusieurs jours. Plusieurs gouttes feront fondre une partie du cerveau et détruiront tous les fonctionnements psychiques.

Elda revint sur leurs motivations :

- Nous n'irons pas pour rendre justice aveuglement, nous ne ferons pas de mal par vengeance mais nous sommes dans l'obligation de l'empêcher de nuire à nouveau.
- Demain j'appellerai mon contact. Ziad, Jan et Sven, vous m'accompagnerez si vous voulez bien.
- L'occasion de sortir entre filles ! S'exclama Marta qui faisait justement remarquer que leurs garde-robes étaient peu garnies.

La vie reprenait le dessus après toutes ces épreuves, avec ce mélange de gravité et de légèreté qui représentait bien ce groupe qui faisait des choses extraordinaires sans en avoir l'air. Ils avaient été plus efficaces que la police elle-même.

Chacun rejoignit sa chambre. Marta et Sven s'endormirent rapidement, Hélène, resta allongée un moment les yeux ouverts avec un sourire satisfait. Elle repensait à Sam avec nostalgie qui était parti trop vite. Sous ses airs doux de maman docile, son esprit était aiguisé, elle était prête à faire la guerre à sa façon. Elle ne concevait pas que tout s'arrête avec Ulrick. Elle sentait l'énergie qui les enveloppait tous. Elle savait au fond d'elle-même que cela avait un sens. Nabil et Johanna parlaient de tout et de rien en s'endormant. Dorénavant, Johanna ne prenait plus rien et même si elle avait encore des sueurs nocturnes et des insomnies, la présence de Nabil à ses côtés suffisait à la réconforter. Ces deux-là étaient faits pour se trouver. Maintenant ils ne se quitteraient plus. Jan et Sanja étaient partis se promener en bord de mer en amoureux. Elda et Ziad étaient dans leur chambre. Elda se déshabillait. Ziad allongé, la regardait. Qu'elle était belle ! Ses cheveux châtains aux divers reflets, ses yeux aux mille couleurs, sa peau rayonnante dans la demi-obscurité. Elle n'avait plus de blessure physique. Elle regarda Ziad s'avancer vers le lit et s'assit près de lui. Elle posa un baiser sur sa bouche. Ziad sentait le désir monter en lui mais il n'avait pas encore osé aborder la question avec Elda qui prit les devants :

- Je suis prête. Dit-elle.

Tous deux n'avaient pas fait l'amour depuis leur séparation. Ils en avaient énormément envie maintenant. Ziad se redressa, prit Elda dans ses bras, l'embrassa fort. Ses mains caressaient tout le corps de la jeune femme, qui, loin des tourments retrouvait le plaisir charnel. Son corps, avec celui de Ziad, ne faisait plus qu'un. Il la renversa sur le lit, et sans un mot de plus, lui fit l'amour.

Après un long moment intense de retrouvailles amoureuses, ils étaient aux anges :

- J'avais peur de ce moment, avoua Elda.
- Moi aussi. Comment tu te sens ?
- Je me sens si bien, j'ai joui de tout le bonheur de te retrouver.

Ils s'endormirent tous les deux nus, se tenant la main, dans un total apaisement.

Quelques jours passèrent, entre entraînement, repos, promenade et amour. Nabil avait rejoint son contact pour le LSD et ils avaient rendez-vous le lendemain avec un chimiste à Groningen, au nord de la Hollande, afin d'acheter la drogue.

Le lendemain matin, Nabil réveilla les autres à l'aube, et ils partirent après avoir bu un bon café. Ils prirent la route en direction de Groningen pour rencontrer le chimiste. Ils avaient un peu plus de six cents kilomètres à faire. Le voyage commença dans le silence, le soleil n'était pas encore levé et Nabil qui avait pris le volant roulait vite. Il rompit le silence matinal,

- Vivement l'Allemagne, on roulera un peu plus vite.

Jan qui connaissait bien les autoroutes allemandes et Nabil avec son Audi break A6 sourirent à cette idée. Il demanda à Nabil comment il connaissait ce type qu'ils allaient voir. Nabil lui répondit :

- Ah c'est un vieil ami, il s'appelle Edward, c'est un anglais. Je l'ai rencontré dans un festival techno en France. Il était venu en camion avec ses potes d'Oxford. Ils avaient aménagé un mini labo pour fabriquer et stocker du LSD liquide. C'est la première drogue que j'ai prise. C'était si fort que je crois que je ne suis jamais vraiment revenu. Ensuite, j'ai commencé à prendre de tout.

Nabil se tut un instant avant de continuer :

- Ensuite, nous avons fait un nombre incalculable de *free parties* ensemble à travers l'Europe. Nous avons tellement tripé ensemble, on s'est soutenus dans les gros *bad trips*, on s'est soignés si souvent. Lui aussi est un frère, ne vous inquiétez pas, je suis content de le revoir.

Ils étaient en Allemagne. Nabil poussa un peu le break sur l'autoroute, ils roulaient à 230 km/h quand Ziad se rappela qu'il avait laissé sa moto à Hambourg :

- Au retour, les gars, on s'arrêtera récupérer ma bécane.

Ils arrivèrent à Groningen en début d'après-midi. Après un dernier sms, Nabil mit l'adresse d' Edward dans le GPS et prit la direction de sa maison un peu à l'extérieur de la ville.

Les quatre garçons, furent surpris de la belle demeure dans laquelle ils arrivaient. La porte de la maison s'ouvrit, et une magnifique femme espagnole en sortit.

- Bonjour Messieurs, Ed vous attend. Il est au sous-sol, suivez-moi.

Nos compères étaient subjugués devant cette beauté d'une élégance rare. Loin de ce qu'ils avaient en tête ! Ils descendirent les escaliers qui menaient au sous-sol. Plus ils descendaient, plus ils entendaient le son lourd « *boum boum boum* », que son électro était en train d'être joué. Ils arrivèrent dans une immense pièce décorée comme un palais de rois hippies. Ils virent Ed absorbé par les platines sur lesquelles il mixait deux vinyles. Nabil reconnut ce son, c'était celui qui passait lors de leur première rencontre. Ed leva les yeux, vit les gars et coupa le son :

- Ah vous voilà ! Je vous attendais pour déjeuner, suivez-moi

Il prit Nabil dans ses bras :

- Heureux mon frère de te voir
- Moi aussi Ed, je suis content. Mais dis-moi, cette magnifique créature est ta femme ?
- Eh oui, répondit l'intéressé, avec un sourire malicieux, elle est belle, elle s'appelle Maria. C'est un DJ local à Ibiza. Elle est extraordinaire. Allons manger, tu me raconteras ce qui vous amène ici.

Maria avait préparé un déjeuner à l'étage pour les convives. En toute confiance, les gars racontèrent toute l'histoire à Ed, qui écoutait attentivement.

- J'ai ce qu'il vous faut.

Il se leva, descendit au sous-sol et en revint avec une petite fiole de 1cm remplie d'un liquide transparent.

- Qu'est-ce que c'est demanda Sven ?

Ma plus belle production. Une goutte de ceci, suffirait à vous envoyer dans l'espace pendant une semaine tous les quatre ! Versez le contenu de la fiole dans son verre, et votre type restera perché à vie, hanté par tous les démons qui sont en lui.

- C'est quoi ce tatouage ? Demanda Jan à Ed
- Ah, il rigola, c'est toutes les molécules utilisées par Hofmann pour élaborer ses premiers hallucinogènes. C'est Maria qui me tatoue, elle me recouvre le corps et le cou de ces schémas de molécules. Elle dit qu'elle arrêtera quand je fermerai mon labo définitivement.

Tout le monde rigola, mais Jan insista :

- Elle est douée.
- Oh oui, elle est douée, Ed fut coupé par Jan.
- Tu crois qu'elle pourrait m'aider ? Et il releva sa manche pour montrer le symbole du groupe auquel il avait voulu appartenir et qu'il exécrait à présent.

La Nouvelle Europe, j'aimerais le transformer complètement par un dessin qui symboliserait l'inverse de leur macabre idéologie. Maria qui observait la scène, s'approcha et prit le bras de Jan. Elle regarda le tatouage durant quelques secondes sans rien dire, puis avec un charmant accent du sud, elle dit :

- Oui je peux faire quelque chose. Je peux utiliser les courbes ici pour faire un yin yang ou j'utiliserai les traits existants pour insérer une fleur dans le yin et un dragon dans le yang. Cela représentera la vie, l'amour, la force et l'action.

Jan fut ravi :

- Tu crois que je pourrais prendre rendez-vous avec toi pour faire ça ?

Maria alla dans une pièce à côté d'où elle rapporta son matériel

- On va faire ça maintenant.
- Qui veut goûter mon herbe maison ? Une pure sativa d'Amérique latine, sans engrais chimiques. Demanda Edward.

Tous les quatre se regardèrent car ils ne fumaient plus du tout depuis un moment. Sven qui n'avait pas fumé depuis son entrée dans la police sept ans auparavant était très tenté mais savait qu'il valait mieux garder les idées claires. Seul Nabil accepta et ils descendirent tous dans l'antre d'Ed et Maria. Elle s'installa confortablement avec Jan afin de commencer le tatouage. Ed ralluma le son, et mit un gros bud vert clair aux senteurs tropicales. Ed et Nabil s'en roulèrent un petit morceau alors que Maria, avec un sourire complice, suggéra à Ed d'en limiter la quantité pour assurer le « câlin » de tout à l'heure... La pièce sentait les tropiques, la musique et la marijuana enivrait nos amis. Le moment était intense, chaleureux et fraternel. Pendant que Sven racontait les exploits de Ziad et Jan pour sauver les filles, Maria était très concentrée sur son travail. Nabil se faufila jusqu'aux platines, aperçut quelques vieux vinyles qu'ils aimaient et se mit à mixer.

Quelques heures plus tard, Maria s'exclama :

- Voilà c'est fini, ça te plaît ?
- C'est génial Maria, Jan l'embrassa sur la joue. Ils étaient tous fatigués. Ed les invita à squatter les coussins et canapés du sous-sol et leur suggéra d'attendre le lendemain matin pour reprendre la route, ce qu'ils acceptèrent sans hésiter. La nuit fut bonne pour tous. Après un bon café, de chaleureuses accolades, et la promesse de se revoir bientôt, Ed proposa ses services pour une fête ou tout autre chose dont ils

auraient besoin dans leur aventure. Les quatre amis apprécièrent, embrassèrent Maria et reprirent la route en direction du Manoir.

Ils devaient s'arrêter à Hambourg, récupérer la moto de Ziad. En arrivant sur place, ils passèrent devant le Neptune qui était toujours fermé. Ils eurent un frisson d'effroi à la pensée de tout ce qui se passait là-dedans. Leur conviction qu'il fallait agir vite n'en fut que renforcée.

Ziad récupéra sa moto et l'équipée rentra vers Klampenborg. Ziad, qui souhaitait faire un peu de vitesse prit les devant. Sven et Jan roulaient tranquillement. Jan s'adressa à Sven :

- Comment te sens-tu depuis ton licenciement de la police ?
- Je sais pas trop, je dois dire. Mais je crois que j'aime ce que nous vivons depuis notre rencontre. Nous avons agi et c'est pour ça que j'avais choisi cette fonction. Agir pour le bien, mais au poste on passe plus de temps à remplir des papiers, entre les chefs pervers, les autres corrompus ou tout simplement les incapables, on fait pas grand-chose au final pour venir en aide à ceux qui en ont vraiment besoin. On est devenu une façade, paralysés par les règles administratives. En gros, Jan, on ne peut pas faire grand-chose avec un uniforme.
- Tu sais Sven, je suis heureux aussi, j'ai l'impression d'avoir trouvé mon chemin. Et tout cela me donne des idées une fois notre mission achevée.
- Quelles idées ?
- On en parlera plus tard.

Pendant ce temps, Ziad était arrivé à destination où Elda l'attendait impatiemment.

Les deux autres arrivèrent peu après.

Il ne restait maintenant plus que quelques jours avant le rassemblement de la Nouvelle Europe.

Une dernière réunion était prévue dans la journée pour finaliser le plan d'action.

Lors du dîner, Jan posa une dernière fois la délicate question :

- Tout le monde est en accord avec notre choix ?

Elda répondit pour tous :

- Notre choix est notre choix, la folie pour l'éternité est le prix à payer pour tout le mal qu'il a fait et qu'il pourrait faire encore longtemps. Nous sommes tous d'accord donc. Sinon c'était une balle dans la tête comme un chien, mais ce serait trop bon pour ce genre de type.

C'était fait, chacun était donc en harmonie avec leur décision, ni mort rapide ni prison pour Ulrick, la folie serait le pire des châtiments.

Elda reprit :

- Et je veux en être, avec Johanna et Sanja, pour deux raisons, la première, Johanna était la première arrivée dans son enfer, et moi la dernière. Il est juste que nous clôturions le cas Ulrick ensemble. La seconde raison qui nécessite la présence de Sanja c'est que nous allons rendre justice à toutes les femmes qu'il a torturées et cela la concerne.

Sans plus de commentaire, ce qui signifiait qu'il approuvait l'idée, Jan continua l'explication de son plan :

- Donc Elda sera en possession de la fiole, et vous vous arrangez comme vous pouvez pour verser le contenu intégral du produit dans un verre et lui faire tout boire. Sven sera dans la pièce juste par sécurité. Une fois le verre avalé, vous vous tirez de là. Nabil, Ziad et moi serons devant dans le van que nous louerons. Et on rentre tranquillement. C'est bon pour tout le monde ?

Chacun répondit positivement et Elda conclut :

- L'alliance fraternelle est scellée. Et après-demain, elle va agir.

L'alliance fraternelle était née. Le lendemain, chaque couple prit un moment pour soi, Hélène s'enferma dans son atelier et peignit toute la journée. Marta et Sven allèrent au restaurant à Copenhague, tandis que Jan et Sanja s'occupèrent d'aller louer le mini van et en profitèrent pour faire la route jusqu'à Malmö afin de récupérer des affaires chez eux et dans l'appartement de Sanja. Nabil et Johanna se contentèrent de regarder des films au lit toute la journée. Ziad emmena Elda au bord de la mer et tandis qu'ils se promenaient, Ziad sortit une bague de sa poche et prenant la main de sa bien-aimée lui demanda :

- Veux tu m'épouser Elda ?

Elda le regarda avec ses yeux envoûtants, et lui répondit un « oui » franc.

Ziad la pris dans ses bras et l'embrassa très fort. Il voulait concrétiser l'amour qu'ils se portaient tous deux depuis si longtemps. La scène fut simple et rapide, mais tellement intense. Tout était dit. Les amoureux continuèrent leur promenade quand le téléphone de Ziad sonna :

- Allo Jan, qu'est ce qui y a ?
- Salut vieux, je suis à Malmö, l'appartement de Sanja et le nôtre ont été saccagés. C'est bien la preuve qu'il me cherche ce fumier. T'es prêt pour demain ?
- Oui mon pote plus que jamais. Au fait Jan, je vais épouser ta sœur après cette histoire !
- Ah...on règle ça et on organise une fête alors... je suis heureux de cette nouvelle Ziad, mon frère. Je vous aime tous les deux. Bon on rentre au manoir, ça craint de traîner ici, à toute.
- Ok.

Sanja était furieuse, ses yeux étaient noirs. Elle venait de prendre conscience que tout ça n 'était pas un jeu. Ils prirent la route, mélancoliques et nostalgiques. Une page de leur vie était définitivement tournée.

Chapitre IX

Le soir venu, au manoir, le repas se passa en silence. Le lendemain ils anéantiraient Ulrick. Mais après ? Marta, qui apportait un fraisier fait maison, le gâteau préféré de sa fille, demanda à voix haute, ce qui la tracassait depuis quelques jours :

- Est-ce bien de prendre l'âme d'un homme ? Il y a des lois pour ça, il me semble ?

Il n'y eut pas de réponse directe, chacun se posait la même question. Aucun des membres du groupe n'était un assassin. Pourtant chacun sentait la nécessité d'agir. Elda regarda chacun, tous avaient les yeux baissés comme plongés dans une réflexion profonde. Elle inspira un grand coup, et répondit à la question de Marta :

- Tu as raison Marta, nous ne sommes pas des tueurs nés, d'ailleurs il n'est pas question de tuer qui que ce soit, mais nous avons affaire à un animal, un pervers narcissique de la plus haute dangerosité, car il a du pouvoir. La question n'est pas si cela est bien ou mal. La question n'est pas de savoir si nous éprouverons du plaisir dans une simple vengeance. La question, Marta, c'est que sachant ce que nous savons, avons-nous le droit de le laisser continuer ? La réponse est non. Clairement et définitivement non. C'est un animal malade, il est fou et cruel. Le choix de notre action est de le rendre inoffensif en le rendant visiblement fou. Nous n'avons pas d'autre choix que de démasquer cette folie, la rendre visible à l'œil nu par tous. Les lois ne nous protègent pas du danger que représentent ces dangereux individus, des psychopathes, qui peuvent agir comme bon leur semble tant ils sont capables de ruser, de dissimuler, de manipuler au détriment de la vie des autres pour leurs satisfactions personnelles. Cet homme est fou et dangereux, il deviendra inoffensif et sera enfermé définitivement sinon il continuera.

Elda se tut et prit un morceau de gâteau qu'elle dévora. Marta acquiesça d'un sourire qui signifiait qu'elle approuvait complètement le plan. Hélène avait bu avec fierté chaque parole de sa fille. Sven, d'une voix douce et ferme à la fois, comme celle d'un père qui donne une leçon importante à son enfant, approuva aussi :

- En tant que policier, je vous aurais tous pris pour des criminels, mais je ne suis plus policier, et en tant que père à qui on a pris son enfant, pour lui faire tout ce mal, alors je n'ai d'autre option que d'empêcher ce bandit à continuer son massacre, cet homme doit être anéanti pour toujours. Je rejoins Elda. Notre choix est le meilleur compromis entre la morale et l'action.

Elda rajouta :

- Je souhaite être avec Johanna et Sanja pour approcher Ulrick, je veux le regarder dans les yeux.

Jan la regarda :

- Je comprends petite sœur, on ne peut pas t'enlever ça. Alors, demain dès la première heure vous filez à Copenhague, et vous achetez de quoi vous habiller pour l'occasion. Elda, tu prendras une perruque. Vous devez être les plus belles demain soir.

Sanja prit son air furieux :

- Nous sommes déjà les plus belles, goujat !

Tout le monde rit et chacun se dirigea vers sa chambre pour la nuit.

Une fois au lit, Ziad s'adressa à Elda qui s'était blottie contre lui :

- Je suis fière de toi mon amour, je t'aime tellement.

Malgré les événements, ils s'endormirent tous rapidement. Jan fut le premier réveillé. Il se leva sur les coups de six heures du matin, en laissant Sanja dans les bras de Morphée. Il enfila son jogging, se fit couler un café, mangea une banane et deux œufs durs et partit courir le long de la mer. Il faisait encore nuit, il y avait une brume épaisse. Il mit sa capuche sur la tête et courut une bonne heure. Il essayait de contenir sa colère, car il était encore furieux qu'on ait pu faire du mal à sa sœur, à sa mère et à ses amis. Il était furieux de s'être trompé à ce point. Il s'en voulait profondément. S'il s'écoutait, il irait le soir aux vœux du parti et défoncerait la gueule de tout le monde, un par un. Mais il savait qu'il ne pouvait pas, ça signerait l'arrêt de mort du groupe. Alors il se défoulait en courant vite et fort.

Quand il revint au manoir, tout le monde était en train de préparer le brunch autour d'un bon café. Il regarda la scène et d'une voix vive et enjouée, il s'exclama :

- Bonjour *Alliance Fraternelle*, prêts pour l'action ?

Ziad reconnut l'énergie de son ami, et sourit car Jan était redevenu comme avant.

Tous étaient redevenus comme avant, ou presque. Leur vie avait pris une direction encore floue mais ils étaient ensemble, solidaires, tous liés dans l'action.
Leur destinée s'appelait l'*Alliance Fraternelle*. Cette alliance n'en était qu'à ses débuts, elle était porteuse de plein d'espoirs.
Une fois rassasiées, les filles accompagnées de Marta et Hélène, qui voulaient profiter de la sortie shopping, étaient prêtes à sortir. Jan alla chercher dans leurs réserves d'argent une belle liasse de billets.

- Voilà les filles, vous êtes cinq, voici cinq milles euros. Aujourd'hui faites-vous plaisir et achetez de quoi être les reines du bal. Jan n'était pas le chef de la gestion de l'argent mais étant donné que c'était lui qui l'avait trouvé, les autres lui laissait quand même le rôle.

Les deux mamans étaient tout aussi excitées que les trois jeunes filles, et elles partirent en direction de Copenhague. Les hommes restaient donc au manoir, Ziad et Nabil allèrent chercher du bois dans l'abri du jardin, et allumèrent un grand feu. Ils attendaient dans le calme le moment venu de partir pour Malmö. Ziad demanda aux deux autres :

- Ça sonne bien « alliance fraternelle », non ? Jan lui répondit par une question,
- Qu'est-ce que ça signifie à tes yeux ?
- Ça signifie, mon cher frère de cœur, que je vois de plus en plus clairement, une alliance secrète composée de personnes d'action pour remédier à quelques-uns des dysfonctionnements du monde...
- Des dysfonctionnements comme Ulrick par exemple ?
- Exactement... répondit Ziad

Nabil, perplexe mais attentif, se permit une remarque :

- Je me méfie des justiciers, nous ne sommes que des hommes, et comment savoir si on agit dans le bon sens ? Sinon, l'idée me plaît.

Ziad, qui s'était trituré les méninges sur cette notion de justicier qui paraissait aussi simpliste que dangereuse, répondit avec la foi de celui qui venait de voir Dieu :

- C'est simple, on agit seulement si tous les membres de l'alliance sont d'accord, ensuite nous agirons là où nous pourrons, comme nous pourrons, contre des injustices, des souffrances infligées à des gens sans défense, et le fait que nous pourrons nous tromper est une réalité. Mais cela ne doit pas changer notre destin. Il n'y a que ceux qui ne font rien qui ne font pas d'erreur. Alors Nabil, en ce sens oui, nous serons des justiciers.

Sven écoutait sans rien dire puis prit la parole à son tour :

- En dehors de Nabil, nous n'avons plus de vie, enfin plus celle que nous avions avant. Il faut reconstruire un projet. Pour le moment nous avons besoin les uns des autres pour un tas de bonnes raisons que vous imaginez bien. Nous avons de l'argent, une force de frappe qui vient de faire ses preuves. Allons-nous rester cachés et dépenser bêtement l'argent ? Allons-nous rester sans rien faire quand nous savons que même la police ne peut protéger nos enfants ? Moi je vote oui à l'alliance, sans hésitation.
- Moi aussi, dit Jan.
- Également, enchaîna Ziad.
- Eh bien moi, je suis avec vous pour le meilleur comme pour le pire, conclut Nabil. Je suis en famille avec vous, et j'aime Johanna avec qui je veux passer le reste de ma vie.
- As-tu demandé l'autorisation à son père ? Plaisanta Sven.

Puis un silence s'abattit dans le salon du manoir. Tous les yeux rivés sur les flammes du feu qui se reflétaient dans les quatre paires d'yeux, dansaient gaiement dans leur âme. Les ombres des flammes faisaient ressembler leurs visages à ceux de guerriers tribaux prêts à partir au combat. Tous quatre, prenaient conscience que ce soir ils participeraient à rendre justice à toutes ces jeunes filles enlevées, séquestrées et maltraitées au plus haut point pour satisfaire les besoins pervers d'un Ulrick qui, en plus, osait vendre leurs charmes pour son plus grand profit ! C'était un monstre, le diable incarné et sept anges allaient s'unir ce soir pour envoyer son âme face à elle-même, au plus profond de lui et ses démons le hanteraient à jamais. Le diable allait vivre enfermé avec lui-même, emprisonné dans son esprit. Le LSD liquide fabriqué par Edward en dose suffisante allait dissoudre toutes les cases de son cerveau malade : les conscientes, mais aussi toutes ces cases inconscientes remplies de traumatismes, de frustrations, de peurs. Toutes ces émotions seront libérées et il succombera à la folie, celle qui n'appartient qu'à lui.

Jan cassa ce silence harmonieux

- Les filles devraient bientôt rentrer. Lorsqu'elles seront là, nous réviserons encore une fois notre plan pour ce soir.

C'était le début d'après-midi. Elda et les autres passaient une journée extraordinaire. Une journée de liberté, d'insouciance. La première depuis longtemps. Marta revivait enfin une journée avec sa fille. Johanna était joyeuse. Très joyeuse. Son visage avait retrouvé les couleurs de la vie, ses yeux pétillaient, elle croquait chaque instant sans retenue, sans penser à après, ni à avant. Elle était dans l'extase de l'instant présent. Puis d'un coup elle s'arrêta et regarda fixement Elda d'un air étrange. Elda lui sourit. Elle était heureuse de voir Johanna en vie. Elle l'avait rencontrée au seuil de la mort. L'âme et le corps radicalement souillés. Et aujourd'hui, quelques mois après, elle était la reine de Copenhague, elle était belle. Tout à coup elle sauta au cou d'Elda, la serrant fort dans ses bras.

Johanna, tout en la gardant dans ses bras lui dit la voix tremblante, submergée par les émotions :

- Elda, je t'aime, tu es mon âme sœur. Si je suis en vie c'est parce que tu m'as trouvée. Tu cherchais autre chose mais le fait est là, tu m'as trouvée, tu as ramené ma famille. Tu m'as sauvée Elda. Tu as vécu la même chose que moi, tu me comprends et ça m'a aidé à vouloir vivre. Voir ton énergie, ton sourire tout le temps, comme s'il ne t'était rien arrivé, m'a beaucoup aidé. Je me suis connectée à toi, à ta force et à ton amour qui m'ont ramenés vers la vie.

Elda versa une larme discrètement et lui dit que non ce n'était pas elle qui l'avait sauvée mais Jan, Ziad et Sven et Nabil et Marta... Johanna la coupa :

- C'est toi qui a rassemblé tout le monde. Chacun a retrouvé sa place. Non seulement tu as retrouvé ton frère mais aussi ton fiancé. Et puis ta mère qui est heureuse, le retour de Jan a également ramené Sanja, puis mon père et ma mère et moi avons été happés dans toute cette histoire. Et même Nabil s'est retrouvé et m'a trouvée. Tu comprends Elda ? Tu es la source de tout ce bonheur, parce que ton cœur est pur et ton âme est forte.
- OK, OK, Johanna, j'ai compris le message, mais tu me serres trop fort là !

J'arrive plus à respirer !

Johanna la lâcha en rigolant. Sanja, Hélène et Marta avaient assisté à la scène. Les deux premières souriaient tendrement, mais Marta pleurait vraiment beaucoup. Elle avait le visage inondé de grosses larmes. Elles se retournèrent toutes sur elle et un fou rire collectif s'empara d'elles. Marta passait du rire aux larmes sans trop savoir comment gérer son trop plein d'émotion. Hélène leur signala l'heure : 14h10, et cela suffit à les ramener à la réalité.

– Nous avons nos robes et manteaux pour ce soir, allons chercher nos chaussures dans ce magasin juste là, ensuite je vous offre un thé et nous rentrons. Les garçons doivent nous attendre bientôt dit-elle.

Elles s'empressèrent de la suivre. Après s'être fait plaisir sans compter avec une élégante paire de chaussures, elles rentrèrent dans une petite échoppe et commandèrent un thé. La prise de conscience que l'objectif de la soirée approchait se faisait ressentir de plus en plus. Il était maintenant presque quinze heures et elles prirent le chemin du retour.

Au manoir, les garçons étaient toujours dans le salon, affalés dans les fauteuils et le canapé. Ils sirotaient café, thé et jus de fruits. Ils avaient discuté de leur vision de l'alliance et de son but. Ils étaient arrivés à une vision commune et avaient décidé d'en discuter avec les filles après en avoir fini avec le problème d'Ulrick. Ils avaient bien conscience qu'une fois débarrassés de lui, plus rien ne serait pareil au sein de leur nouveau mouvement. Une certaine idéologie allait probablement subsister, mais le mal incarné en la personne d'Ulrick allait être bel et bien éradiqué… Pour l'instant, c'était de lui qu'il fallait s'occuper, responsable d'un odieux trafic d'êtres humains. C'était lui qu'il fallait arrêter. Il fallait lui faire boire ce flacon.

Les filles arrivèrent. Jan ordonna une réunion dans le salon dans quinze minutes. Le temps que chacune pose ses affaires. Tout le monde vint s'asseoir dans le salon, l'excitation des filles et l'oisiveté des garçons durant cette journée commençaient à s'estomper et à se rejoindre au niveau de la pondération et de la concentration sur leur objectif commun. Tous ensemble, ils n'avaient pas peur. La question essentielle qui taraudait leurs esprits, certes forts et motivés, était la légitimité de leur action. Hélène qui était assisse dans son coin, et qui ressentait bien le doute s'installer de nouveau, vint à leur secours et leur donna son avis maternel :

- Si je peux me permettre de vous donner mon opinion à propos de ce soir, eh bien… en tant que maman, au croisement de vos vies, ensemble, quels que soient les risques, je vous demande d'agir. D'agir pour la vie. Allez mes enfants, je vous en prie, débarrassez le monde de cette vermine qui vole et tue nos enfants. Allez me foutre en l'air ce putain de tas de merde !...

Elle s'interrompit, surprise de s'être laissée aller à cette sorte de débordement émotionnel. Tous les regards étaient rivés sur elle, interloqués. Elle reprit timidement :

- Allez-y les enfants, terminez votre travail en toute quiétude et sans remords.

A cet instant, le conflit interne qui prenait trop d'énergie à chacun cessa. L'harmonie de la pensée et de l'action étaient en équilibre. Ils étaient enfin prêts. L'alliance fraternelle prenait officiellement naissance. Jan expliqua son plan en détail, avec conviction et précision :

- Elda, Sanja et Johanna, vous vous rapprochez d'Ulrick et vous lui offrirez un verre dans lequel vous aurez versé le contenu de la fiole de LSD surpuissant, et vous vous assurez qu'il boive tout.

Johanna voulut être celle qui verserait le liquide dans le verre. C'était un symbole fort et nécessaire pour elle, pour compléter sa reconstruction. Elle reprenait le contrôle de sa vie et mettrait son bourreau à terre définitivement. Tout le monde lui laissa ce rôle, comprenant bien son importance. Sven serait à l'intérieur de la salle afin de prévenir au plus vite Jan, Ziad et Nabil qui seraient en planque dans la voiture.

Le plan paraissait simple mais Jan rappela que Ulrick était un parano absolu, et que le moindre détail, avec lui, était analysé avec une précision d'horloger.

Il était maintenant 16h00 et les portes de l'hôtel Élite Plaza à Malmö, où se déroulerait le grand rendez-vous de la Nouvelle Europe, ouvrait à 18h00. Ulrick devait prendre la parole vers 19h00, pour son discours de fin d'année, ses remerciements aux militants, et la communication de son programme au nouveau public présent. Un buffet ouvert à tous était gracieusement offert par le maître de cérémonie qui se pavanait comme de coutume au milieu des invités, prêchant la bonne parole. C'était à ce moment qu'il faudrait identifier le contenu de son verre pour le lui apporter un second contenant le poison. Elda demanderait alors à prendre une photo avec le héros du jour et c'est Johanna qui se porterait volontaire pour tenir son verre afin de les échanger. Ensuite, elle porterait un toast à cette magnifique soirée et elles s'assureraient toutes les trois qu'il finisse son verre.

– Préparons-nous maintenant, nous partons à 17h00, avec les contrôles anti migrants ils nous faudra bien deux heures pour arriver. Vous entrerez pendant le discours d'Ulrick, ordonna Jan qui avait pris le commandement des opérations.

Une demi-heure plus tard, nos trois princesses arrivèrent plus belles l'une que l'autre. Elles étaient divinement belles. Leurs robes de soirées les moulaient à merveille, personne ne pourrait résister à de telles créatures. Dans un silence concentré, chacun se dirigea vers le monospace loué pour l'occasion. Nabil prit le volant, Jan s'assit à côté de lui. Elda, Sanja et Johanna occupèrent les trois sièges du milieu, Sven et Ziad s'assirent sur les deux sièges du fond du véhicule. La voiture démarra et prit la direction du pont Oresund.

Chapitre X

La nuit était déjà tombée, le pont était à peine visible dans la brume en ce mois de novembre. Sanja qui était la plus excitée, prête à en découdre avec quiconque se mettrait sur son chemin, rompit le silence :

- On fait une belle équipe les amis, j'ai hâte de voir la tête de ce fumier quand il aura bu son verre, quand je pense à tout ce qu'il a fait, on est trop gentil avec lui. Il mériterait qu'on le torture jusqu'à la mort des jours durant.

Personne ne répondit à ça, Nabil posa une main sur l'épaule de Johanna, assise devant lui. Elle tremblait légèrement.

- Ça va ? Lui demanda-t-il gentiment.
- Oui Nabil, ça va, j'imaginais toutes ces filles qu'il pourrait encore enlever. Ça me rend malade d'y penser.

Johanna tremblait, non de peur mais de rage. Elle vérifia qu'elle avait bien la fiole dans sa pochette.

Ils arrivèrent à l'hôtel Élite Plaza de Malmö où se déroulait la soirée. Jan regarda les filles et n'eut pas le temps de parler qu'Elda ouvrait déjà la portière :

- Allez les filles, on y va !

Elles sortirent de la voiture et comme dernière recommandation, Jan leur demanda de faire attention :

- Le moindre geste douteux et il vous fera la peau. Il ne plaisante pas, attention les filles.

Jan éteignit la voiture au coin de la rue :

- On vous attend ici.

Les garçons regardaient les trois filles rentrées dans l'hôtel. Il était 19h15 et Ulrick était en plein discours. Les filles faisaient bonne impression, tellement elles étaient belles. Ulrick, de son pupitre, et malgré la foule présente, les aperçut du coin de l'œil. Elles se mélangèrent à la foule. Il y avait une sécurité digne des plus grands chefs d'état. Des crânes rasés partout arborant fièrement le tatouage de la Nouvelle Europe. Des hommes d'affaires du pays, des politiciens d'extrême droite de différents pays d'

Europe. L'arrivée massive de réfugiés favorisait le discours populiste de toutes ces organisations politiques.

Après avoir fini son discours de bienvenue aux nouveaux militants, de remerciement aux anciens, Ulrick invita toutes les personnes présentes à se restaurer au buffet mis à leur disposition.

Un de ses gardes du corps vint lui apporter un whisky.

- Regardez les filles, il boit un whisky, allons en prendre chacune un et allons le voir.

Elda entraîna donc ses amies au bar et tandis qu'elles commandaient les verres, Ulrick en personne vint vers elle.

- Bonsoir Mademoiselle.
- Bonsoir, répondit-elle. Elle fut décontenancée par la situation, elle ne

s'attendait pas à le voir si vite. Ça simplifiait cependant leur plan.

- Magnifique soirée cher Monsieur, enchaîna-t-elle.
- Merci, mais il me semble que l'on se connaît, non ? Il reconnaissait son visage malgré le maquillage, mais ne il ne savait pas trop où ils s'étaient rencontrés.
- Non je ne suis jamais venue ici, mais j'ai tellement entendu de bien de vous et de votre parti politique, je suis ravie de vous rencontrer. Je m'appelle Else. Elle improvisait tandis que Johanna prit un verre de whisky et y déversa la fiole.

Sanja vint à la rescousse de ses amies :

- Oh Else, tu voulais tant une photo avec ce charmant Monsieur, vous permettez que l'on vous vous prenne ensemble ?
- Bien sûr avec plaisir, comment refuser un tel honneur.

Et il posa son verre sur le bar. Tandis qu'il posait avec Elda et que Sanja les prenait en photo, Johanna avait eu le temps de changer le verre d'Ulrick. Le LSD était dans le whisky.

- Merci Monsieur pour la photo, pouvons-nous porter un toast à l'avenir du pays avec vous ?

Sanja ne perdait pas le Nord et gérait bien la situation. Johanna était sous le choc de voir enfin cet homme. Celui qui était à l'origine de toutes ses souffrances. Elle eut du mal à se contenir mais réussit à se calmer. Elda leva son verre et s'écria :

- A l'avenir de la Suède ! Que des hommes comme vous nous débarrassent de toutes ces racailles qui n'ont rien à faire ici.

Ulrick trinqua avec les trois filles et but son verre cul sec. Il fallait entre une ou deux heures pour que le produit agisse. Jan avait bien ordonné de partir dès qu'il aurait bu son verre, mais Johanna voulait rester le voir souffrir.

Après s'être fait resservir un verre, Ulrick s'adressa à Elda :

- Je vais faire le tour de mes invités et j'espère que nous pourrons nous voir après, pour un petit verre ensemble.
- Avec plaisir, je suis avec mes amies, je vous attends.

Il s'éloigna au milieu de la foule. Les filles se regardèrent.

- On s'en va maintenant les filles. Sanja voulait quitter ce lieu rempli de mauvaise énergie.
- Non attends, demanda Johanna. Vous voulez pas voir si le truc marche ?
- Non il faut filer d'ici, confirma Elda
- Juste une minute, je veux être sûre d'avoir réussi.
- Une minute alors s'énerva Elda.

Elles reprirent un verre, une coupe de champagne comme pour trinquer à leur mission accomplie.

Sven, qui était dans la salle, regardait la scène de loin, et s'agaça de les voir traîner. Il se dirigea vers elles dans le but de les entraîner vers la sortie, quand il vit un jeune homme parler à l'oreille d'Ulrick en montrant du doigt les trois filles. C'était un ancien acolyte de Jan qui avait reconnu Elda. Les filles ne s'étaient aperçues de rien et sirotaient leurs coupes avec un brin d'agitation. Sven s'approcha d'Ulrick pour essayer d'écouter ce qui se disait et sentit les ennuis arriver.

Ulrick regarda les filles et sortit son téléphone :

- Allo Jürgen, nous avons trois intruses dans la salle, je veux que vous les enfermiez dans une chambre de l'hôtel jusqu'à ce que je vienne. Vous me les garder au chaud, on a potentiellement un problème.

Il raccrocha et continua ses mondanités comme si de rien n'était. Sven n'eut pas le temps de prévenir les filles avant que quatre gros bras les attrapent et les emmènent vers les étages. Elles commencèrent par se débattre mais les types les serraient si fort qu'elles ne pouvaient rien faire.

- Lâchez-nous enfin, qu'est ce qui se passe ? S'écria Elda.
- Arrêtez, arrêtez, Johanna prise de panique essaya de se défaire de l'emprise du type mais en vain. Sven les vit disparaître dans la foule et fut pris de panique. Il sortit de l'hôtel précipitamment et alla rejoindre les trois autres dans la voiture.

Quand Jan le vit arriver en panique et seul, il comprit qu'il y avait un problème.

- Qu'est-ce qu'il y a Sven, où sont les filles ? Hurla Ziad.
- Ulrick les a fait emmener dans l'hôtel, je ne sais pas où.
- OK, faut y aller, s'empressa Nabil.
- Ils ont plus de trente gars pour la sécurité, plus les gardes du corps personnels d'Ulrick et les militants présents, c'est une véritable armée, leur indiqua Sven de plus en plus paniqué.
- Il faut du renfort les gars, dans dix minutes on entre coûte que coûte. Jan prit

son téléphone et appela Samir, son professeur de boxe.

- Salut c'est Jan, ils ont enlevé ma sœur, viens s'il te plaît, on a besoin de renfort, on est devant l'Élite Plaza, c'est tout de suite.

Comme il était en plein cours à deux minutes de là, il n'hésita pas une seconde à rappliquer en emmenant tous ses élèves qui le suivirent sans réserve.
Nabil appela à la rescousse le plus gros dealer de la ville :

- Allo, Soren, c'est Nabil, ils ont enlevé ma femme, j'ai besoin d'aide tout de suite, ramène du monde à l'Elite Plaza hôtel, vite et il raccrocha.

Il ordonna à tous les gars du quartier et de la ville qui travaillaient pour lui de se rendre immédiatement là où Nabil lui avait indiqué. Des revendeurs aux guetteurs en passant par les clients, tous lui obéirent.

Dans son milieu, Nabil était respecté non seulement pour sa droiture mais aussi pour l'argent qu'il avait fait gagner à beaucoup de monde. Pendant ce temps, Ziad avait appelé ses propres soldats en qui il avait entièrement confiance. Des petites frappes prêtes à tout pour l'aider et qui étaient à présent déjà en route pour l'hôtel.

Le temps que les trois sortent de la voiture, des mecs en short de boxe et d'autres en kimonos, arrivaient devant l'hôtel faisant déjà face à la sécurité d'Ulrick alors que d'autres arrivaient encore en moto, sans casque et en roues arrières ou encore les gros bras en 4x4. C'était une situation apocalyptique. Personne ne savait ce qui se passait mais tous avaient répondu présents face à l'urgence. La famille c'est la famille. Pour les jeunes du quartier, les grossistes et les combattants de la ville, la famille avait du sens. En moins de dix minutes, plus de cent jeunes armés de barres de fers, de bâtons, ou tout simplement les poings serrés, tournaient en rond devant l'hôtel. Des motos de cross arrivaient encore et on pouvait entendre les sirènes de police qui surgissaient. Jan monta sur le toit d'une voiture et cria à l'assemblée en furie :

- Ces chiens ont pris trois filles, ma femme et mes sœurs. Ils les retiennent là-dedans, allons les chercher mes amis.

Les motards faisaient barrage tout autour de la rue pendant que les combattants commençaient à entrer dans l'hôtel. La sécurité de La Nouvelle Europe ne bougeait pas. Ils étaient débordés par la situation.

C'était le chaos total. La police qui était arrivée sur les lieux ne pouvait avancer, retenue par une horde de motards déchaînés. Jan, Ziad, Nabil et Sven regardèrent un instant la scène et profitèrent de la confusion pour s'infiltrer dans l'hôtel. Jan et Ziad fouillaient le premier étage pendant que Sven et Nabil commencèrent par le second. Jan localisa rapidement la chambre où étaient retenues les filles car deux gros crânes rasés surveillaient la porte. Il ne discuta pas et fonça sur eux, suivi de Ziad. Jan envoya un coup de pied circulaire au visage du premier qui s'effondra net sous le choc, tandis que Ziad frappa le second de deux coups de poing au visage, ce qui ne l'empêcha pas de sauter au coup de Ziad. Le combat continua au sol, enchaînant un étranglement violent qui finit par mettre le type dans le coma. Les deux autres chargés de surveiller les filles s'enfermèrent avec elles dans la chambre.

- Par ici, par ici ! Hurlaient Jan et Ziad. Quatre énormes types en kimono arrivèrent sur les lieux et enfoncèrent la porte sans difficulté. Les deux malfrats à l'intérieur ne bougèrent pas.
- On se casse d'ici cria Jan, faisant signe aux filles de le suivre.

Sven et Nabil ayant entendu le raffut les avaient rejoints et tous les sept coururent vers la sortie. En regagnant leur voiture, Jan fit signe à son professeur de boxe en levant le pouce vers le haut pour indiquer que c'était fini et qu'il était temps pour eux de partir. La police était dans la confusion la plus totale, les invités couraient partout, les motos roulaient sur les voitures des policiers et les guerriers s'enfuyaient par tous les côtés. Nabil prit le volant, démarra en trombe et s'échappa par une petite rue libre de passage.

- Putain de putain de merde ! Cria Jan, qu'est qui s'est passé là ?

Nabil et Ziad s'occupaient des filles. Tout allait bien. Sven fut pris d'un fou rire nerveux :

- J'ai jamais vu ça, jamais !
- Et Ulrick ? Demanda Johanna d'une voix tremblante.

Jan appela son professeur de boxe pour le remercier et pour savoir si tout le monde allait bien. il lui répondit que la police n'avait rien pu faire et que tout le monde était reparti comme il était venu. Aussi, il lui raconta en rigolant que pendant le pugilat général, il avait vu un type à moitié nu parler à une chaise en transpirant beaucoup. Jan raccrocha et dit à ses amis :

- C'est bon, notre homme est hors d'état de nuire, le produit a fait son œuvre. Ça a marché !

Comme il n'était pas possible de reprendre le pont pour le Danemark à cause des barrages de police, ils roulèrent vers le Nord du pays en direction de Göteborg.

- Putain on a réussi ! S'exclama Nabil.
- Préviens maman que tout va bien et qu'on rentre demain, demanda Jan à sa sœur qui s'exécuta.

Les images du chaos à l'hôtel Élite passaient en boucle à la télé. Marta et Hélène avaient les yeux rivés sur l'écran et avaient très peur. Mais heureusement, l'appel d'Elda les délivra de leur inquiétude. Elles se languissaient maintenant d'avoir tous les détails.

Chapitre XI

Dans la voiture, l'excitation avait fait place à l'interrogation. Qu'allait-il se passer maintenant. Étaient-ils pourchassés ? Jan alluma la radio, où les informations ne parlaient que de ça. Mais il semblait que les autorités n'avaient fait aucun lien pour le moment. La police n'avait pas compris ce qui s'était passé et supposait une confrontation entre extrémistes d'un bord et de l'autre. Il y eut ensuite des informations concernant le fondateur de la Nouvelle Europe, qui avait été emmené en urgence à l'hôpital. Il avait été retrouvé nu, errant dans l'hôtel vide. Il parlait tout seul, ou avec des lampes ou des lits, se roulant par terre en pleurant, réclamant sa maman. Il était foutu. C'était le but de la mission. Personne ne parlait d'eux. Tout allait bien. Jan s'adressa à ses amis :

– L'Alliance Fraternelle a frappé. Nous avons atteint notre objectif.

– A l'Alliance Fraternelle ! Crièrent-ils en chœur. Puis, Jan éteignit la radio. Ils décidèrent de s'arrêter dans un petit hôtel en périphérie de Göteborg pour la nuit. Ils prirent deux chambres, une pour les filles et une pour les garçons. Après quoi ils convinrent de dîner dans un restaurant à proximité. Durant le dîner, ils scellèrent définitivement leur pacte. Ils allaient ouvrir une agence de détectives qui se nommerait *L'agence des Sept.* Celle-ci dissimulerait une autre entité, *l'Alliance Fraternelle* qui, elle, agirait clandestinement en s'affranchissant des lois si nécessaire, toujours dans le but de combattre l'injustice efficacement. Ils avaient beaucoup d'argent de côté qu'ils allaient consacrer à ce noble objectif. Tous s'accordèrent sur le fait que leurs vies étaient définitivement soudées, que le monde avait un besoin crucial de gens comme eux et qu'ils y mettraient toute leur énergie. *L'agence des Sept*, la façade officielle, et *l'Alliance Fraternelle* ne feraient qu'une seule et même entité.

Comment pouvaient ils retrouver une vie ordinaire après tout ça ! La force qu'ils sentaient en eux, tous les sept, se devait d'être au service de la vie. Leur accord le plus important et ce qui était l'essence même de leur alliance fraternelle, était la volonté d'agir, d'agir vraiment, comme ils venaient de le faire ce soir. Ils établirent aussi que toute action à l'avenir, ne serait entreprise qu'après concertation et accord unanime entre les sept membres. Ceci par souci de peser le bien-fondé de leurs passages à l'action et de bien s'assurer que justice et morale seraient sauves. Ils conclurent pendant le dîner en insistant sur le fait qu'une seule voix serait suffisante pour annuler tout projet et que l'unanimité serait absolue. Les événements tumultueux de la soirée n'empêchèrent pas le dîner de se dérouler dans une atmosphère tranquille et chaleureuse. Sven voulut porter un toast :

– Mes frères et sœurs, ma fille, je ne sais pas où nous allons avec tout cela mais ce que je sais c'est que je me sens vraiment utile maintenant. Dans la police j'étais un petit soldat sans grande liberté d'action. Depuis Hambourg, je me sens un homme libre et pénétré d'une énergie vivifiante et positive. Je me sens vivre avec vous, et surtout vous m'avez ramené ma fille, vous l'avez sauvée... je vous aime...à l'AF !

Jan prit la parole à son tour :

– Moi aussi je revis, avec vous j'ai chassé mes démons, retrouvé ma véritable nature, ma force… l'amitié et l'amour. J'ai reconquis ma chère Sanja, j'ai retrouvé ma petite sœur, j'ai retrouvé ma vie...je vous aime...à l'AF !

Ziad, la larme à l'œil, continua :

– Comme Jan, j'ai chassé mes démons. Moi aussi j'ai retrouvé ma vie... quand je pense que j'ai failli perdre Elda... d'abord en fuyant vers les ténèbres, puis la perdre au sens propre... Elda je t'aime, je vous aime tous...à l'AF !

Ce fut le tour de Nabil, chacun voulant y aller de son petit mot :

– Et bien moi, les amis, j'étais seul, en mauvaise santé physique et mentale. La drogue m'a dominé presque toute ma vie. J'étais seul, en souffrance, je me suis battu pour survivre dans ce monde que je ne comprenais pas. Dans ce monde où je ne possédais rien et aujourd'hui, j'ai retrouvé la forme comme jamais je ne l'ai eue, j'ai trouvé une famille, un but et un sens à ma vie, mais surtout j'ai trouvé l'amour de ma vie, mon premier amour et j'espère bien le seul. Je vous aime tous... à l'AF !

L'émotion de Johanna était forte mais elle voulut s'exprimer aussi :

– J'ai mon père et mon homme, là devant moi, alors qu'hier j'étais morte. Je vous dois la vie à tous. Je vous aime et je vous remercie vraiment, Maman et Hélène aussi... je suis en vie et je vous la dédie et m'engage dans notre alliance de tout mon coeur, de toute mon âme. Je pense à toutes celles qui sont en train de vivre ce que j'ai vécu... à l'AF ! Qu'elle puisse sauver de nombreuses vies !

Elda pris Johanna dans ses bras et l'embrassa bien fort, et regardant les autres dans les yeux un à un, elle leur dit :

- Nous nous sommes trouvés. Nous avons trouvé notre place sur terre. Nous avons maintenant la possibilité d'agir et de nous battre contre l'injustice, contre la souffrance. Celle qui ne découle pas naturellement de la vie, mais cette souffrance que certains osent imposer, par perversité ou par intérêt, à ceux qui ne demandent qu'à vivre. Ces prédateurs, nous les combattrons ensemble ! À l'AF !

Il n'y avait à présent, plus de place dans ces jeunes esprits pour le doute ou la peur. Ils étaient connectés par une énergie plus grande qu'eux qui les habitait et qui, comme une lumière dans la nuit, leur montrait le chemin à suivre.

Tous se tournèrent vers Sanja qui n'avait pas encore parlé. Ils attendaient son discours, mais elle les regarda, rigola et dit avec espièglerie :

- Je le sais depuis le début de l'aventure que c'était notre destinée alors je n'ai qu'une seule chose à dire : je vous aime... à l'AF !
- OK, les amis, assez de mélodrame, allons dormir. Demain nous retournerons au manoir et nous ramènerons le véhicule de location, dit Jan.

Pendant qu'ils se levaient de leur table, ils furent interpellés par les informations qu'écoutait le patron du restaurant sur son petit téléviseur dans un coin de la salle. La présentatrice parlait des événements de la soirée à Malmö. La ville était encore agitée de la soirée qu'elle venait de vivre. Des images filmées par des riverains avec leurs téléphones passaient en boucle montrant la meute de combattants, de motards, de grosses voitures, qui débarquent d'un coup sans comprendre pourquoi. Des théories fusaient de tous côtés sur la provenance et les intentions des bagarreurs mais personne n'avait la moindre idée de ce qui s'était passé à l'Élite Plaza hôtel. Quelques images d'Ulrick, déambulant nu, en bavant, sa bouche faisant d'horribles grimaces de douleur. Il était définitivement hors-jeu. La dernière image qu'ils virent de lui était lorsque deux infirmiers le firent monter de force dans l'ambulance. Les sept amis

regardaient sans parler, sans exprimer la moindre émotion, ni joie ni peine. Ils avaient juste fait ce qu'ils devaient faire. Ils quittèrent les lieux et retournèrent à leur hôtel où ils dormirent, une nuit étrangement paisible et d'un sommeil profond.
C'est Elda qui ouvrit les yeux en premier. Un léger rayon de soleil lui chatouillait les narines. Elle sourit seule dans son lit. Elle avait retrouvé son visage rayonnant même si on pouvait néanmoins discerner un soupçon de quelque chose qui n'y était pas auparavant dans la lueur de ses yeux. On retrouvait la douceur et le courage qu'elle avait toujours eu, mais dorénavant on pouvait aussi y voir la détermination et un certain quelque chose qui pourrait s'expliquer par la prise de conscience et le désir d'agir. Ce désir faisait partie d'elle maintenant.

Pendant qu'elle regardait par la fenêtre où les nuages avaient repris leur place dans le ciel scandinave, un projet prenait forme dans son esprit. Elle voyait une école, ou plutôt une fondation. Pour les enfants n'ayant pas accès aux diverses disciplines éducatives, scolaires ou sportives. Une fondation gratuite qui proposerait des cours variés tels que le yoga, la boxe, des cours de langues, de maths, de jujitsu, de tennis, de sciences... tout ce qui pourrait unir le corps à l'esprit et fortifier l'âme. Mais sa rêverie fut interrompue par le réveil de Johanna qui réclamait Nabil. Elle aussi avait retrouvé son visage d'avant. Elda la regarda. Ses cheveux blonds en bataille au-dessus de sa tête, ses grands yeux bleus, brillants, ses bonnes joues roses qui avaient encore la trace de l'oreiller. Elda se mit à rire si fort qu'elle mit définitivement fin au sommeil de Sanja qui grogna quelque chose d'incompréhensible en ouvrant les yeux. Elle se redressa, regarda Elda, puis Johanna puis marmonna quelques mots toujours incompréhensibles avant de se lever aussi sec. Les deux autres suivirent et s'habillèrent. Les garçons étaient prêts et tout ce beau petit monde, habillé dans leurs vêtements de la veille, se dirigea vers la sortie de l'hôtel. Ils marchaient les uns derrière les autres, en file indienne, d'un pas leste et déterminé. La tête haute, les yeux droits, fixés vers un but commun encore lointain, mais ce qui était sûr c'est qu'ils y allaient avec cette énergie de l'unité du corps et de l'esprit, du cœur et de l'âme.

Hélène et Marta les attendaient impatiemment, visionnant les images de la soirée à l'Élite Plaza hôtel diffusées sur Internet. Personne n'avait déposé de plainte ni avait encore tenté d'expliquer cette sorte d'émeute qui semblait avoir jailli spontanément dans tout le quartier de l'hôtel. Seul Ulrick fut emmené dans un état de folie complète, et cela non plus personne ne pouvait l'expliquer. Les médias suédois et danois essayaient en vain d'élaborer des scénarios les uns plus loufoques que les autres mais c'était encore loin de la réalité. Il n'y avait pas eu de suite non plus après la fermeture du « Neptune » à Hambourg et pas de retombée sur le parti de la Nouvelle Europe. C'était le flou complet et les autorités, faute de pistes, allaient sans doute clôturer rapidement cet incident.

Arrivés au milieu du pont, Elda annonça qu'avec Ziad, ils allaient se marier dès que possible. Elle souhaitait que Johanna et Sanja soient ses demoiselles d'honneur, que Sven la mène avec Hélène à l'autel, que Jan et Nabil soient les garçons d'honneur et que Marta s'occupe de l'organisation. Des cris de joie explosèrent dans la voiture qui arrivait maintenant au bout de l'Oresund et qui prenait la direction du manoir, de l'autre côté de Copenhague. Il faisait gris et le vent soufflait fort. Sven s'imaginait déjà auprès de la cheminée avec sa Marta qui devait se faire du souci.

- Les voilà ! S'écria Hélène. Les deux mamans accoururent sur le palier et

Hélène confia à Marta :

- Je suis fière d'eux, ils ont réfléchi à la meilleure manière de résoudre un problème. Ils se sont mis d'accord à sept, ce qui est le plus difficile je crois, et ils ont agi avec conviction et amour. C'est vraiment une bonne équipe.

Marta la regarda et lui déclara simplement

- Tu es comme la grande sœur que j'ai toujours voulu avoir, je t'aime beaucoup Hélène et j'admire ton éternel sourire.

L'équipée rentrait maintenant dans le manoir. Après quelques accolades, sans parler de la nuit précédente, ils s'installèrent tous autour de la cheminée où un bon café les attendait.

Marta ne posa qu'une seule question, car elles avaient tout vu sur les écrans :

- Qu'est-ce que c'était tout ce bazar devant l'hôtel ? Personne n'a compris ce qui se passait !
- Les filles ont eu un problème, on a dû appeler du renfort, mais tout va bien maintenant, notre mission est accomplie, dit Jan, avec fierté.

La fin de journée se passa entre sieste, repas et discussion autour de la cheminée.

Elda avait exposé son projet de fondation devant tous, à savoir une école privée un peu spéciale, où seraient enseignés les fondements de la psychanalyse, l'anthropologie, l'histoire, les sciences, diverses langues, divers sports de combat, du yoga et autres disciplines qui seraient susceptibles de se rajouter au gré des projets et des rencontres. En résumé, un lieu de réflexion et d'exercice sur le corps et l'esprit, sur l'Homme dans sa globalité.

Elle estimait qu'il faudrait cinq cent mille euros comme base de départ, à prendre sur les deux millions qu''ils avaient de côté pour leur avenir. Il fallait également prévoir cinq cent mille euros pour la création de l'agence des sept. A l'unanimité, les deux projets furent acceptés avec joie et enthousiasme. Ils voulaient également réserver un budget suffisant pour que Elda et Ziad puissent avoir le mariage de leur rêve. Le reste serait géré par Marta, officiellement trésorière des deux institutions tandis qu' Hélène pourrait se consacrer à la peinture comme elle le souhaitait. Chacun finalement trouverait sa place au sein du groupe et œuvrerait à sa manière pour que le projet commun auquel ils croyaient tous fermement s'accomplisse avec succès et pour le bien de tous. Grâce à une formidable pulsion de vie, leurs destins avaient été happés et arrachés de justesse au chemin qui les menait à la déchéance et à la mort. Ils comprenaient clairement maintenant que, par ce chemin, ils étaient tombés dans le piège et l'illusion glamour des drogues. La drogue, cette chienne aux allures de star, ce diable habillé en Prada, les avait conduits subtilement et sournoisement au seuil de la mort tout en annihilant leur bon sens et en leur faisant croire que c'était pour leur bien. Comme le disait Baudelaire : « la plus belle des ruses du Diable est de vous persuader qu'il n'existe pas ! »

FIN.

FSC
www.fsc.org
MIX
Papier | Fördert gute Waldnutzung
FSC® C083411

Kolibri 360 GmbH
Ferdinand-Jühlke-Straße 7
99095 Erfurt, Deutschland
produktsicherheit@kolibri360.de

Druck:
CPI Druckdienstleistungen GmbH
im Auftrag der
Kolibri 360 GmbH
Ferdinand-Jühlke-Str. 7
99095 Erfurt